就活でどうしても会いたい
編集者20人への
OB・OG訪本

OB・OG訪本とは？

就活でOB・OG訪問はとても大切。
そんなの言われなくたってわかってる。常識だよ。

でも、なぜ？
業界のことをもっと詳しく知るため？
どんな人が働いてるか知りたいから？理由は人それぞれ。

でも、多くの就活生がOB・OG訪問を終えて言う
とても興味深い一言があります。

「OB・OG訪問をしたら、自分のことがよくわかった」

なるほど。
多くの先輩の意見を聞くことで自分の意見が整理され
本当の自分と本当の志望動機が見えてくるんですね。

そこで本書は、
ちょっとやそっとじゃ会えない凄い先輩方へのインタビューを
敢行し、本を通じてのOB・OG訪問を実現しました。
さらに、先輩方へのインタビューをユング心理学のタイプ別に
分類して掲載し、みなさんの自己分析にも役立つようにしています。
もちろん、性格判断テストにトライすることで
みなさんがユング心理学のどのタイプの人間なのかも調べられます。
本当の自分が見えてくる、読むOB・OG訪問。
それが本書です。

まずは、自分と同じタイプの先輩の話を読むもよし。
あえて、正反対のタイプの話を読んで研究するもよし。
自分と同じタイプが多いから業界向きだと自信を深めるもよし。
自分と同じタイプがいないから目立つチャンスだと考えるもよし。

本書の価値は、みなさんの工夫次第で無限に広がります。

第１章

インタビューの前に
こんなテストを
やってもらいました！

〜性格判断テスト（ユング心理類型判定スケール）〜

ユング心理類型判定スケール
(Jungian Scale for Typology, JUSTY)

このテストは、あなたがものごとを認識したり判断したりするときの特徴を明らかにするためのものです。指示に従って、2つのステップを順に進んでいってください。正しい答えやまちがった答えというものはありません。結果の判定まで自分ひとりで行いますから、安心して正直に答えてください。

※このユング心理類型判定スケールは本書のために監修者の老松克博氏が作成した試案的スケールです。①質問項目が少なく実施が容易、②簡単に自己判定できる、③外向者はおもに外向的な場面で、また内向者はおもに内向的な場面で優越機能を使う、という理論を反映している、④質問項目が具体的かつユニーク、などの特徴があります。ただし、①妥当性や信頼性が未確認、②時に優越機能と補助機能の判別ができない、などの問題点もあるためこのスケールで得られる結果はあくまでも目安です。

STEP 1

次の5つの項目について、
自分により当てはまると思う方を A/B より選んでください。

1	A	現実の成り行きを考えていることが多い
	B	気がつくとよく空想している
2	A	実用書やノンフィクションを好む
	B	スピリチュアルな本やファンタジー小説を好む
3	A	人に会うとまず服装や顔色に注意が向く
	B	人に会うとまず人柄や気分に注意が向く
4	A	夢は現実の断片からできていると思う
	B	夢は現実を超えたものだと感じる
5	A	大勢で協力して取り組む作業を好む
	B	ひとりでじっくり取り組む作業を好む

A：　　　　個 ／ B：　　　　個

Aが多い人・・・・・**タイプA用のSTEP2へ**

Bが多い人・・・・・**タイプB用のSTEP2へ**

どちらでもない人・・**両向タイプ**
どんな性格？・・・・・・・・・・・・・・・・・231

STEP 2
タイプA用

次の5つの項目について、
自分により当てはまると思う方をC/Dより選んでください。

6	C	客観的な裏づけにもとづいて行動する
	D	流行への関心が強い
7	C	現実的な利益や成果を重視する
	D	愛情や友情を優先する
8	C	自分の基準が周囲の基準だと思っている
	D	周囲の基準が自分の基準だと思っている
9	C	積極的な組織運営にたけている
	D	調和的な人間関係を大切にする
10	C	見聞が広がるのがうれしい
	D	交友関係が広がるのがうれしい

C：　　　　個　／　D：　　　　個

次の5つの項目について、
自分により当てはまると思う方をE/Fより選んでください。

11	E	感動できる音楽や絵画を探し求める
	F	音楽や絵画からインスピレーションをもらう
12	E	面倒なことは後回しにする
	F	変化の乏しい状況にはすぐ退屈する
13	E	人を楽しませるのがうまい
	F	人から信奉されることがある
14	E	気候や天候で体調を左右されやすい
	F	諸々の状況の今後の成り行きがピンとくる
15	E	観察力があると思う
	F	ツキや運があると思う

E：　　　　個　／　F：　　　　個

あなたの結果は…	どんな性格？	同じ結果の編集者は…
Cが一番多い人……… **外向的思考タイプ**	232	019
Dが一番多い人……… **外向的感情タイプ**	233	049
Eが一番多い人……… **外向的感覚タイプ**	234	059
Fが一番多い人……… **外向的直観タイプ**	235	069
CとEが一番多い人… **外向的思考感覚バランスタイプ**	232 234	089
CとFが一番多い人… **外向的思考直観バランスタイプ**	232 235	099
DとEが一番多い人… **外向的感情感覚バランスタイプ**	233 234	
DとFが一番多い人… **外向的感情直観バランスタイプ**	233 235	109

※バランス型は両方の特徴を兼ね備えており、
極端にならないので欠点が緩和されると考えてください。

STEP 2
タイプB用

次の5つの項目について、
自分により当てはまると思う方をG/Hより選んでください。

6	G	自分の意見に隙がないよう考え抜く
	H	つねに自分の情緒の揺れ動きを気にしている
7	G	まずは距離を置いて懐疑的にものごとを見る
	H	良心的で忍耐強い
8	G	抽象的な論理によって判断する
	H	内心での好き嫌いが激しい
9	G	考えを批判されると執拗に反論したくなる
	H	本音を隠して守ろうとする
10	G	人によく皮肉を言う
	H	人の言動によく傷ついている

G：　　個　／　H：　　個

次の5つの項目について、
自分により当てはまると思う方をI/Jより選んでください。

11	I	経験のない悩みの相談には答えにくい
	J	経験のない悩みの相談でも核心部分がわかる
12	I	夢は現実に近い展開をすることが多い
	J	夢は劇的な展開をすることが多い
13	I	記憶が事実とくいちがうことが多い
	J	思い込みでわかった気になっていることが多い
14	I	小説中の複雑な血縁関係の理解には家系図がほしくなる
	J	小説中の複雑な血縁関係を理解するのに苦労はない
15	I	ドラマは目の前の場面を追って見ている
	J	ドラマはすぐに先の筋がわかる

I：　　個　／　J：　　個

あなたの結果は…	どんな性格？	同じ結果の編集者は…
Gが一番多い人……**内向的思考タイプ**	236	119
Hが一番多い人……**内向的感情タイプ**	237	
Iが一番多い人……**内向的感覚タイプ**	238	129
Jが一番多い人……**内向的直観タイプ**	239	139
GとIが一番多い人…**内向的思考感覚バランスタイプ**	236 238	159
GとJが一番多い人…**内向的思考直観バランスタイプ**	236 239	179
HとIが一番多い人…**内向的感情感覚バランスタイプ**	237 238	199
HとJが一番多い人…**内向的感情直観バランスタイプ**	237 239	

※バランス型は両方の特徴を兼ね備えており、
極端にならないので欠点が緩和されると考えてください。

第2章

性格分類別！
就活でどうしても会いたい（けど会える訳がない）
すご～い編集者への
すご～いインタビュー

～OB・OGからの言葉×心理分析＝本当の自分発見～

本書は、2016年5月から8月にかけて取材した内容を掲載しています。
所属・役職などは、取材時点のものです。

今尾朝子

雑誌編集者の仕事は、
悩みを汲み取って、
まだ誰も見たことのない企画をつくり、
読者の背中を押してあげること。

女性ファッション誌
※発行部数ナンバーワンの編集長

株式会社 光文社
月刊「VERY」編集長　今尾《いまお》 朝子《あさこ》

大学卒業後、「CLASSY.」でフリーライターとして活動。1998年光文社に入社。その後、「VERY」編集部、新雑誌開発室、「STORY」編集部を経て、2007年9月より現職。

※日本雑誌協会「印刷部数公表」2016年4月〜6月

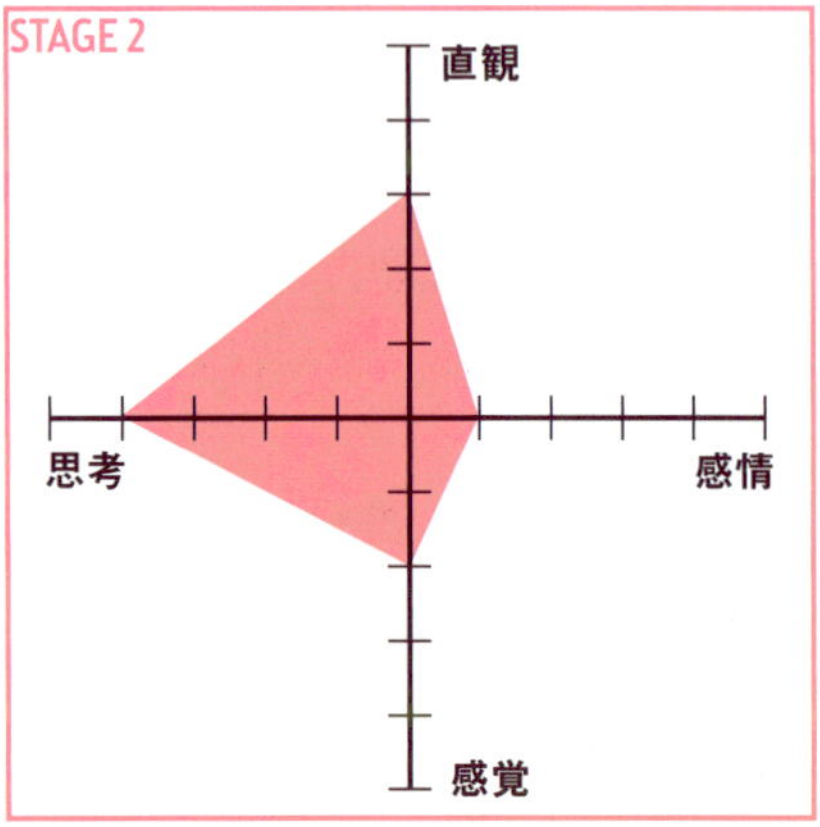

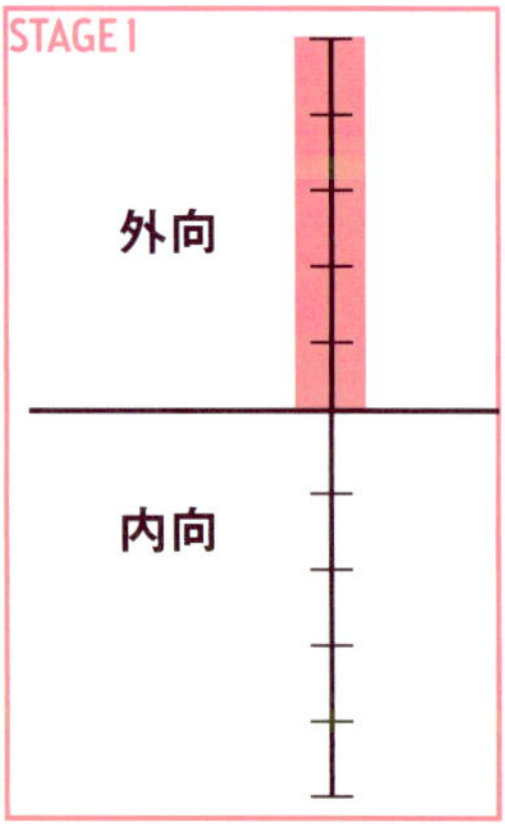

外向的思考（直観）タイプ

（　）内は補助的に働く2番目に優勢な機能、補助機能

ユング心理類型判定スケール（Jungian Scale for Typology, JUSTY）

氏名　今尾 朝子

自分により当てはまると思う方に"○"をつけてください。

	◀◀◀◀◀◀◀◀◀◀◀◀			▶▶▶▶▶▶▶▶▶▶▶▶
設問1	現実の成り行きを考えていることが多い	○		気がつくとよく空想している
設問2	実用書やノンフィクションを好む	○		スピリチュアルな本やファンタジー小説を好む
設問3	人に会うとまず服装や顔色に注意が向く	○		人に会うとまず人柄や気分に注意が向く
設問4	夢は現実の断片からできていると思う	○		夢は現実を超えたものだと感じる
設問5	大勢で協力して取り組む作業を好む	○		ひとりでじっくり取り組む作業を好む
	A→			←B

Aが多い場合は、自分により当てはまると思う方に"○"をつけてください。

	◀◀◀◀◀◀◀◀◀◀◀◀			▶▶▶▶▶▶▶▶▶▶▶▶
設問6	客観的な裏づけにもとづいて行動する		○	流行への関心が強い
設問7	現実的な利益や成果を重視する	○		愛情や友情を優先する
設問8	自分の基準が周囲の基準だと思っている	○		周囲の基準が自分の基準だと思っている
設問9	積極的な組織運営にたけている	○		調和的な人間関係を大切にする
設問10	見聞が広がるのがうれしい	○		交友関係が広がるのがうれしい
	C→			←D

	◀◀◀◀◀◀◀◀◀◀◀◀			▶▶▶▶▶▶▶▶▶▶▶▶
設問11	感動できる音楽や絵画を探し求める		○	音楽や絵画からインスピレーションをもらう
設問12	面倒なことは後回しにする		○	変化の乏しい状況にはすぐ退屈する
設問13	人を楽しませるのがうまい		○	人から信奉されることがある
設問14	気候や天候で体調を左右されやすい	○		諸々の状況の今後の成り行きがピンとくる
設問15	観察力があると思う	○		ツキや運があると思う
	E→			←F

Bが多い場合は、自分により当てはまると思う方に"○"をつけてください。

	◀◀◀◀◀◀◀◀◀◀◀◀			▶▶▶▶▶▶▶▶▶▶▶▶
設問6	自分の意見に隙がないよう考え抜く		○	つねに自分の情緒の揺れ動きを気にしている
設問7	まずは距離を置いて懐疑的にものごとを見る		○	良心的で忍耐強い
設問8	抽象的な論理によって判断する		○	内心での好き嫌いが激しい
設問9	考えを批判されると執拗に反論したくなる		○	本音を隠して守ろうとする
設問10	人によく皮肉を言う		○	人の言動によく傷ついている
	G→			←H

	◀◀◀◀◀◀◀◀◀◀◀◀			▶▶▶▶▶▶▶▶▶▶▶▶
設問11	経験のない悩みの相談には答えにくい	○		経験のない悩みの相談でも核心部分がわかる
設問12	夢は現実に近い展開をすることが多い	○		夢は劇的な展開をすることが多い
設問13	記憶が事実とくいちがうことが多い		○	思い込みでわかった気になっていることが多い
設問14	小説中の複雑な血縁関係の理解には家系図がほしくなる	○		小説中の複雑な血縁関係を理解するのに苦労はない
設問15	ドラマは目の前の場面を追って見ている	○		ドラマはすぐに先の筋がわかる
	I→			←J

発行部数は、毎月約30万部。広告収入は、年間で20億円。全女性ファッション誌の中で売り上げナンバーワンの座に輝いているのが、光文社の「VERY」です。20代から40代まで、子どもを持つ主婦から絶大な支持を得ています。編集長を務めるのは、2歳の子どもを育てる主婦、今尾朝子さん。さまざまなメディアに、成功の立役者として取り上げられました。多くの女性雑誌編集者が憧れる今尾さんの心の指針は、ただ一つ。読者の声でした。

―多くの出版社が、面接試験で私服を指定しています。ファッション誌の編集長として、就活生の服装についてアドバイスをいただけませんか。

悩む人もいるかもしれませんが、どんな服でもいいと思います。なぜその服を着て来たのか説明できて、それが面白い会話につながるなら、オシャレに自信があってもなくても構いません。たとえばファッション誌の編集者の場合、普段からスタイリストさんなどプロの方と仕事をして、いろんなブランドの展示会に行きます。本当にファッションが好きなら、自然に自分のセンスが磨かれていくはず。だから「ユニクロの普段着」とか、「着た回数が一番多い組み合わせ」とか、「誰かに買ってもらったお出掛け服」とか、何でもいいんです。私たち**面接官が知りたいのは、その人の考え方**なので。媚びを売るのではなく、ちゃんと自分を持っていて、前に向かって体当たりができる人かどうかを見ています。大事なのは、自分で考える力。だからアドバイスとしては、人の意見を聞かなくていい！　それに尽きますね（笑）。

―あえて目立とうとしたり、とびきりオシャレをしたりするのではなく、自分で考えて自分で決めた服がいいんですね。

編集は、上司や先輩からの指示を待つ仕事ではありません。たとえば秋に発刊する雑誌の企画を練るとき、そのテーマをどう攻略するか、自分で考えて動かなきゃいけないんです。もちろん私もいますけど、私が正解を知っているわけじゃないので。雑誌は、いろんな編集者が考えに考えてたどり着いた答えの集合体です。だから、一人一人の答えは違っても、**一冊の雑誌は、熱い想いでつながっている**。自分が面白いと思っていないのに無理矢理つくった企画は売れません。「これでいいや」って思わずに、最後まで追究する。妥協したらつまらないじゃないですか。**何かいい方法はないかって、ギリギリまで考え続けていると、想像以上に素敵な出会いがあったり、自分の可能性がどんどん広がっていったりするんですよ**。仕事って、そういうものだと思います。

―その仕事に対する姿勢は、いつ、どこで学ばれたんですか。

社会人になってから今まで、**約20年かけて自分のスタイルが少しずつできてきたんだと思います**。仕事とは何か、と問われても、誰だって最初はよく分からないですよ。やり続けることで、いつか気付くんです。私も、大学時代はどこか特定の業界を目指していたわけじゃなくて、漠然と「ちゃんと働きたいな」「長く続けられる仕事がいいな」と思っていたんです。ほんと、アホな女子大生で（笑）。出版社なんて到底入れない、って思っていましたから。編集講座に通っていたわけじゃないし、そんな講座があることすら知らなかったし、文章を書くのも下手でした。

――意外です……。編集者になるには文章力が必要だと思っている人は多そうですが、実際は違うんですね。

そうですね。**文章がうまいから編集者になれる、というわけではありません**。私は20代前半のころ、光文社の女性向けファッション誌「CLASSY.」の編集部でライターの募集があることを友人に教えてもらって、それがきっかけでライターになりました。もちろん真剣に原稿と向き合っていましたが、私が原稿を提出したあと、編集者が大部分を書き直していたらしいです（笑）。まずは文章力より、自分をさらけ出せるか、人の気持ちが汲み取れるか、人と会話ができるかが大切だと思います。

「VERY」では読者やターゲット層の人たちに直接会って話を聞くドクチョー（読者調査）を頻繁に行っているのですが、私も最初は人と話をして、何かを聞き出すことが苦手でした。主婦の気持ちを分かったつもりで企画をつくっていたんです。そうしたら、当時一緒に雑誌をつくっていた男性編集者から**「スカートを履いているからって、主婦の気持ちが分かると思うなよ」**と言われました。これは、女性蔑視でも何でもなくて。外ではニコニコしている子育て真っ最中の主婦が、家ではいろんな問題を抱えていることだってある。でも初対面の人に、プライドもあるし弱音は吐かないですよね。葛藤もあれば、希望もある。その複雑な気持ちが、同性だっていうだけで分かったつもりになるな、っていう意味だったんです。本当に、その通りでした。当時の私は何も分かっていなかった。聞けば正しいことを答えてもらえるという考えが浅はかだったと思います。その男性編集者は、何度も何度もドクチョーをして、主婦の気持ちを自分なりに想像していたんですね。

―そういうご経験があるからこそ、読者の声を大切にして、女性初の編集長になられたんですね。

「2週間後から「VERY」の編集長」と言われたときは、驚いて頭が真っ白になりました。思わず上司に「冗談ですよね」と返してしまうくらい。実は「VERY」の編集者になったあと、新雑誌開発室という部署へ異動になったんです。そこで創刊したのが、40代向けの女性ファッション誌「STORY」。平日も休日も、寝ている時間以外はずっと雑誌のことを考えてしまうくらい、編集の仕事に夢中でした。なので、まさか私が異動になるなんて、とショックで……。

でも、もうこれは決まってしまったことです。すぐに頭を切り替えて、過去の「VERY」を逆のぼって読み直しました。外出時は、ベビーカーをおしているママの姿が常に気になり、こんな人に読んでもらいたい、という読者像を固めて、部員やスタッフと話し合いました。そうして決まった新しいキャッチフレーズは、**「基盤のある女性は、強く、優しく、美しい」**。編集長になりたてのころは、何が編集長の仕事なのかも分からず、一編集者としてページをつくりながら仕事をしていました。たしかに社内では初の女性編集長、しかも最年少、ということで心配させたと思いますが、みなさんが助けてくださいました。編集部、広告部、宣伝部、販売部と、仕事内容は違いますが、胸に抱く目標は同じです。**まだまだ若くて頼りなかった私を周囲が育ててくださったからこそ、今の「VERY」があります。**

―それから9年間もの長い間、編集長職に就いていらっしゃいますが、今までに掲載した「ＶＥＲＹ」の特集の中で、どの企画が印象に残っていますか。

ここ1年以内のものなら、**「スーパーMARKETで浮かない、秋のオシャレ」**です。これは、20年以上続く「ＶＥＲＹ」でも、他の雑誌でもたぶん一度も取り上げられていない切り口の企画じゃないかと。ドクチョーで出会った新婚の女性の方の話から生まれた企画だったのですが、この企画を思いついたときは「まだこんなにいい企画が残ってたんだ！　やった！」と大喜びしました。そして同時に、絶対売れる、と確信しましたね。スーパーって、主婦にとってはとても身近な場所なんです。でも最近は働く女性が増えて、スーパーに毎日行くのが難しい人も増えました。仕事が終わったら急いで保育園に迎えに行って、帰宅して、家事をして、寝かしつけて……。実際、私なんて週に一度、買い物に行けたらいい方（笑）。今や、毎日スーパーに行って、新鮮な食材を使って、家族のために美味しいご飯をつくる生活は憧れでもあるのです。そういう気分というか、気持ちを前提として、ご近所でのオシャレを提案しました。ご近所服と言ってしまわないことが「ＶＥＲＹ」らしさ。その切り口が読者の心に響いたようです。

―最後に、編集者の醍醐味を教えてください。

読者の悩みを汲み取って、まだ誰も見たことのない魅力的な企画をつくり、読者の背中を押すことです。特集は、自分のものでも、上司のものでもありません。最後は読者のものです。自分の志ひとつでどこまで追究できるか、常に自分と向き合いながらつくります。2日間で10人の人に会いたい、と思ってドクチョーを始めて、5人しか会えなかったとき、どうしますか？「2日間頑張ったからいいや」と思うか、「まだ締切まで時間はある。来週もう一度ドクチョーに行って、企画を練ろう」と思うか。可能性があるなら、私はまた街に繰り出します。

編集者を目指す大学生のみなさんなら、在学中にいろんな人に出会えたらいいですね。自分と同じ環境の人だけでなく、他の世代の人ともつながりを持って、その中で自分がどんな価値観を素敵だと感じて、何に共感するのかを知る。**世の中にはいろんな人がいる、という事実を受けとめることが、編集者としての第一歩です**。

佐渡島庸平

日本のクリエイティブの在り方と
産業の仕組みを変えていきたい。
これは僕にとって、挑戦できる難しいゲーム。

コンテンツビジネス新時代へ挑戦している人

株式会社コルク
代表取締役社長　佐渡島《さどしま》　庸平《ようへい》

1979年生まれ。東京大学卒業後2002年講談社に入社。週刊モーニング編集部に所属。『バガボンド』（井上雄彦）、『ドラゴン桜』（三田紀房）、『働きマン』（安野モヨコ）、『宇宙兄弟』（小山宙哉）、『モダンタイムス』（伊坂幸太郎）、『ドラゴン桜公式副読本 16歳の教科書～なぜ学び、なにを学ぶのか～』などの編集を担当する。2012年に講談社を退社し、作家のエージェント会社、コルクを設立。代表取締役社長に就任する。

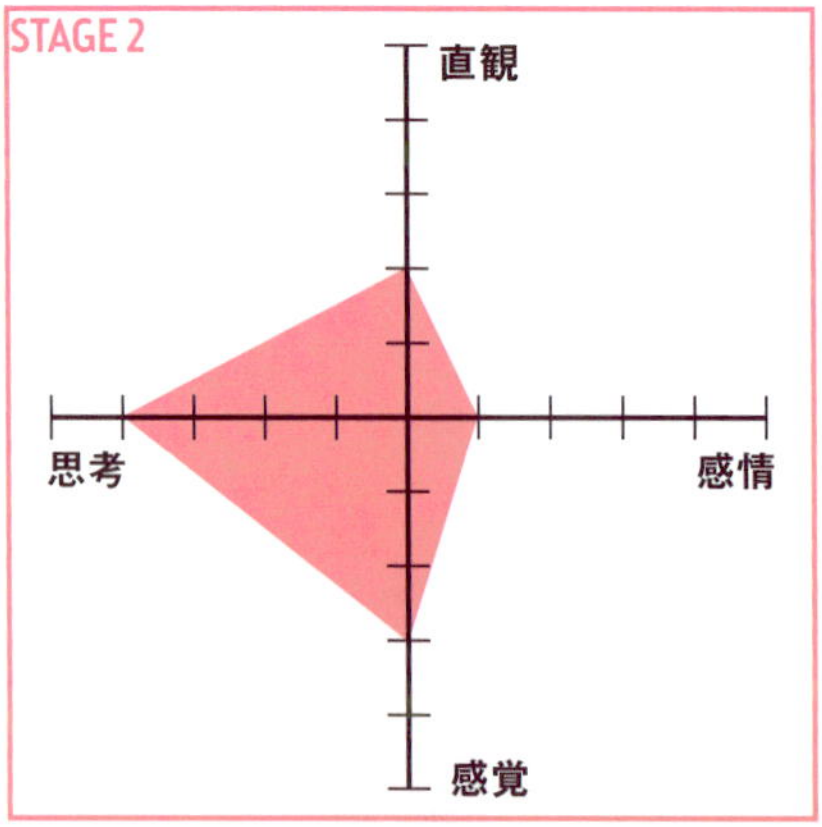

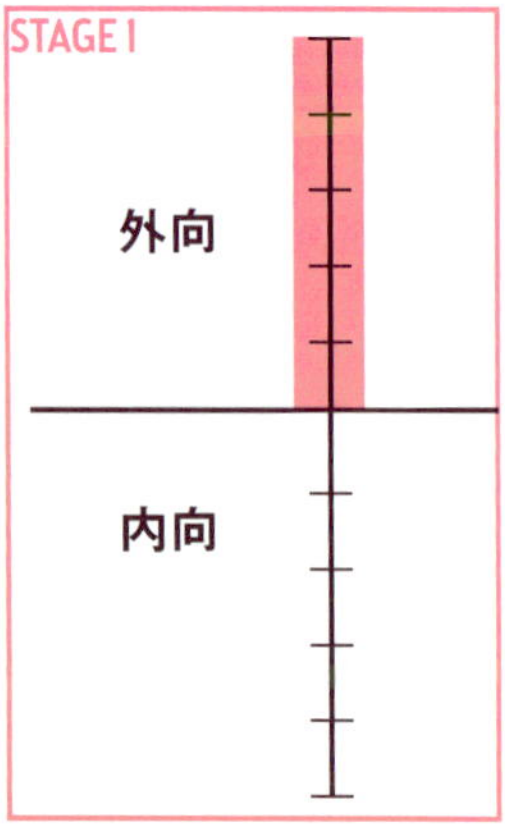

外向的思考（感覚）タイプ

（　）内は補助的に働く2番目に優勢な機能、補助機能

ユング心理類型判定スケール（Jungian Scale for Typology, JUSTY）

氏名　サドシマ

自分により当てはまると思う方に"○"をつけてください。

	◀◀◀◀◀◀◀◀◀◀◀◀			▶▶▶▶▶▶▶▶▶▶▶▶
設問1	現実の成り行きを考えていることが多い	○		気がつくとよく空想している
設問2	実用書やノンフィクションを好む	○		スピリチュアルな本やファンタジー小説を好む
設問3	人に会うとまず服装や顔色に注意が向く	○		人に会うとまず人柄や気分に注意が向く
設問4	夢は現実の断片からできていると思う	○		夢は現実を超えたものだと感じる
設問5	大勢で協力して取り組む作業を好む	○		ひとりでじっくり取り組む作業を好む
	A→			←B

Aが多い場合は、自分により当てはまると思う方に"○"をつけてください。

	◀◀◀◀◀◀◀◀◀◀◀◀			▶▶▶▶▶▶▶▶▶▶▶▶
設問6	客観的な裏づけにもとづいて行動する	○		流行への関心が強い
設問7	現実的な利益や成果を重視する		○	愛情や友情を優先する
設問8	自分の基準が周囲の基準だと思っている	○		周囲の基準が自分の基準だと思っている
設問9	積極的な組織運営にたけている	○		調和的な人間関係を大切にする
設問10	見聞が広がるのがうれしい	○		交友関係が広がるのがうれしい
	C→			←D

	◀◀◀◀◀◀◀◀◀◀◀◀			▶▶▶▶▶▶▶▶▶▶▶▶
設問11	感動できる音楽や絵画を探し求める	○		音楽や絵画からインスピレーションをもらう
設問12	面倒なことは後回しにする		○	変化の乏しい状況にはすぐ退屈する
設問13	人を楽しませるのがうまい	○		人から信奉されることがある
設問14	気候や天候で体調を左右されやすい		○	諸々の状況の今後の成り行きがピンとくる
設問15	観察力があると思う	○		ツキや運があると思う
	E→			←F

Bが多い場合は、自分により当てはまると思う方に"○"をつけてください。

	◀◀◀◀◀◀◀◀◀◀◀◀			▶▶▶▶▶▶▶▶▶▶▶▶
設問6	自分の意見に隙がないよう考え抜く			つねに自分の情緒の揺れ動きを気にしている
設問7	まずは距離を置いて懐疑的にものごとを見る			良心的で忍耐強い
設問8	抽象的な論理によって判断する			内心での好き嫌いが激しい
設問9	考えを批判されると執拗に反論したくなる			本音を隠して守ろうとする
設問10	人によく皮肉を言う			人の言動によく傷ついている
	G→			←H

	◀◀◀◀◀◀◀◀◀◀◀◀			▶▶▶▶▶▶▶▶▶▶▶▶
設問11	経験のない悩みの相談には答えにくい			経験のない悩みの相談でも核心部分がわかる
設問12	夢は現実に近い展開をすることが多い			夢は劇的な展開をすることが多い
設問13	記憶が事実とくいちがうことが多い			思い込みでわかった気になっていることが多い
設問14	小説中の複雑な血縁関係の理解には家系図がほしくなる			小説中の複雑な血縁関係を理解するのに苦労はない
設問15	ドラマは目の前の場面を追って見ている			ドラマはすぐに先の筋がわかる
	I→			←J

「もの」や「コンテンツ」がインターネット化して世の中の流通が変化する中、出版社や作家たちは新しい在り方を求められるようになりました。そんな変化をいち早く察知した佐渡島さんは、大手出版社の人気マンガ雑誌の編集者という立場を退いて、作家と直接契約をして創作をサポートする「クリエイターエージェント」という道を選びました。コルクの経営は挑戦可能な難しいゲームだと語る佐渡島さんに、編集者とは何か、仕事とは何か、をお聞きしました。

—佐渡島さんはどんな子どもだったんでしょうか?

まず前提として、過去の記憶って、すべて現在の視点から解釈したものにすぎません。今の自分を肯定するために、過去の記憶をつなぎあわせてストーリーにしているだけで、それは「今の自分をこう見てほしい」っていう演出でしかない。だから僕が話す過去の話は、僕の価値観の裏付けになるだけで、編集者になるために必要な情報ではないというのが、僕の考え方。この本で紹介されている人の真似をすれば編集者になれると考えるのはちょっと短絡的かな。逆に言うと、「この本に登場する20人が言ってることを一つもやってないから、俺は編集者になれない」と思う必要もないし、もっと言えば、「20人が言ってることを一つもやってないから、今までとは違う編集者になれる」と考えることもできるわけです。

—なるほど。仰るとおりですね。では、どういう人が編集者に向いていると思いますか?

先日、糸井重里さんに面白い話を聞きました。みんな20代っていうのは、20~29歳のことだと思っているけれども、本当は違っていて、20代は25～34歳で、30代は35～44歳のことだと。糸井さんは、自分が30歳になったことを理解するまでに5年もかかってしまったと言うのです。言われてみると、たしかに思い当たるところがあって、僕はコルクを32歳で立ち上げましたが、そのころは自分が20代のつもりだから、大学生の気持ちが分かると思っていました。でも、36歳になった今、あらためて大学生と話すと「人種が違うな」と、自分が30代であることをすごく意識するんですよ（笑）。こういった感覚のずれは、世の中の変化にも全く同じことが言えると思っています。ビジネスに新しい変化を起こす人がいたとき、それを業界全体が理解するまでに5～10年、世間が理解するまでにそこからさらに5～10年かかってしまいます。ましてや新しいことをしている人と学生の間には、10～20年くらいの認識の差が生まれてしまうのではないでしょうか。**もしも編集者として働きたい、作家と一緒に働きたいと思うんだったら、ここに書いてある20人とは違う感覚を持っていた方がいい**。この人たちへのアンチテーゼをしっかりと提示できるくらい、世の中を捉えていて、ものごとを考えられる人は、編集者として食べていけるかもしれません。

―佐渡島さんがそういう考えにいたったのは、何かきっかけがあったんでしょうか？

僕は両親の都合で、中学時代を南アフリカで過ごしたんですね。さまざまな人種が共生する中で、なぜか現地の人と距離を取ってしまう自分がいることに気が付きました。最初はその理由が分かりませんでしたが、もしかしたら、差別的感情が自分の中にあって、それによって自分が精神的に優位に立ちたい気持ちがあるんじゃないかと思うようになりました。当時は島崎藤村の『破戒』を何度も読んで、差別とは一体なんなのか、どうやったらそれを自分の中から排除できるのか、ずっと考えていました。ものごとを深く考えたり、答えを求めて本を読みあさったりするようになったのはそのころです。でも、その答えを突きつめるには、一人の思考では限界があって、学生時代は**どこかいつも孤独を感じていました**。その孤独が薄まっていったのは、講談社に入って、作家と話すようになってからです。

―それはどなただったんでしょうか？

安野モヨコさん、三田紀房さん、小山宙哉さんです。作家は仕事に対して、手を緩めることがありません。面白いマンガを書くために、常に自分に問いかけ、突きつめ続ける姿勢には、本当に感服しました。

マンガ編集者の良さは、「超一流」の人と仕事ができることです。作家も人間なので体調の悪い日もあれば、たった一人の言動によって傷ついていることだってあります。でも、プロとして、決して手を緩めることはない。マンガ編集者は、そこから自分の糧になるものを盗むことが大切なんです。彼らから学んだからこそ、今の僕があります。ただの編集者として、虎の威を借る狐で終わってしまうのは、すごくもったいないですね。

―大手出版社の編集者を退いて、コルクを立ち上げられた理由を教えてください。

僕は**コルクで、これからの日本のクリエイティブの在り方と産業の仕組みを変えていきたいと思っています。たとえば、ワインのように「いつ、誰がつくったか」という基準で作品の値段が変わる仕組みをつくり、作家が作品を発表しやすい環境を整える。僕はそうやって、今まで当たり前に受け入れられていた業界のさまざまなルールを、**変えていきたいと思っています**。**これは今の僕にとって、挑戦可能な難しいゲーム**。大切なのは、「無理なこと」と「実現可能なこと」のギリギリの境目を見つけることです。そうすると、挑戦することが楽しくなる。そして成長するごとに、その境目はどんどん変わっていくはずです。

もしかしたら、学生は何が自分に向いていて、何をやりたいのか、それ自体を見つけることに難しさを覚えるかもしれません。でも、**本来やりたいことっていうのは、誰にでもあるはずです**。たとえば、テレビをもっと見ていたいとか、この遊びを続けていたいとか。僕は本が好きだったので、本に関わりたいと思っていました。そして、今はそれが業界のルールを変えたいという目標に変わっています。自分がやりたいことを、最初から高尚なことにつなげる必要はないんです。

―佐渡島さんはどんなときに仕事が楽しいと感じますか？

すべて自分の心持ち次第だと思います。**作品をしっかりと読者に届けて、ヒットさせたい、話題にさせたいと思うと、すべての仕事が楽しいですよ**。要は、仕事のアウトプットに興味があるかどうかです。たとえば、料理人が鍋を振って炒めものをするのは楽しいけど、下ごしらえの時間はつまらないと思うでしょうか。おそらく違いますよね。きっと、お客さんの「すごく美味しい、また来たい」という言葉を想像すると、どんな工程も、掃除さえも楽しいはずなんですよ。外部の人が仕事の一部分だけ切り取って見てしまうと、大変そうに感じるんですけどね。

すべての仕事は、他人を喜ばせた感謝の対価としてお金をもらっています。乗り物でも、建物でも、食事でも全部そうです。何をすれば人から感謝されて、深く「ありがとう」って言ってもらえるのか。それが自分にとってどんな仕事なのか。そういったことを考え続ける思考法と体質を持てば、どの時代でも、どの仕事でも、楽しく仕事ができます。僕にとってそれは本なんですね。すごく面白い本を提供することができて、読者から「こんな良い本を出してくれてありがとう」と言われる。**僕は、どんな仕事よりも、本を提供して受け取れる「ありがとう」が一番深くて力強いと思っています**。

―佐渡島さんが一緒に仕事をしたい人はどんな人ですか？

僕は新人作家を見るときに、根っこの部分が純粋で綺麗か、ズルいところがないかを見極めています。今でこそマンガは一大産業のように扱われていますけど、50年くらい前までは、とても肩身の狭い世界でした。それこそ、作家が一生懸命描いた作品を「こんなものは読むな」とＰＴＡに焼かれていたんです。当時のマンガ家はそんなニュースを見ながらも、「マンガはそんな悪いものじゃない。人の心を揺さぶる素晴らしいものなんだ」と言いながら描き続けていました。そういう時代に描かれた作品と、今の時代になって「尊敬されたい、かっこいいと思われたい」という下心で描かれた作品では、質は全く違いますよね。

それは編集者も同じです。出版業界は、たまたま産業の規模が小さいから、採用枠も少ないんですね。

だから希少性が生まれて、憧れの職業に見えてしまう。でも、そういう上辺の気持ちで「手っ取り早く人から尊敬されたい、早く偉くなりたい」と思っている人は、編集者になっても本当の成功は得られないでしょう。みなさんも、出版業界で本質的に何がしたいのか、ぜひ一度考えてみてください。

―最後に学生へのメッセージをお願いします。

何かで成功したいなら、常に仕事の質を高めることを考えて、現状の自分に満足しないことが大切です。**どんな職業を選んだとしても、今、目の前にある仕事を100%ではなくて200%やる**。そうすると、今までは見えてこなかった新しい視点を持つことができると思います。

もちろん今日お話しているのは、僕がありたい理想についてのお話です。24時間365日それができているわけではありません。でも**理想を持つから、そこに向けて努力ができる**。僕はそう思っています。

西田善太

自分の面白さを
うまく人に伝えるのはむずかしい。
だから編集者が入って
みんなに伝えてあげる。

「BRUTUS」のロゴがあるだけですべての特集がブルータスになる

株式会社マガジンハウス
「ブルータス」編集長　西田《にしだ》 善太《ぜんた》

1963年生まれ。早稲田大学卒業後、博報堂に入社。コピーライター職を経て、1991年マガジンハウス入社。「ギンザ」編集部、「カーサ ブルータス」副編集長を務めたのち、2007年12月より「ブルータス」編集長を務める。

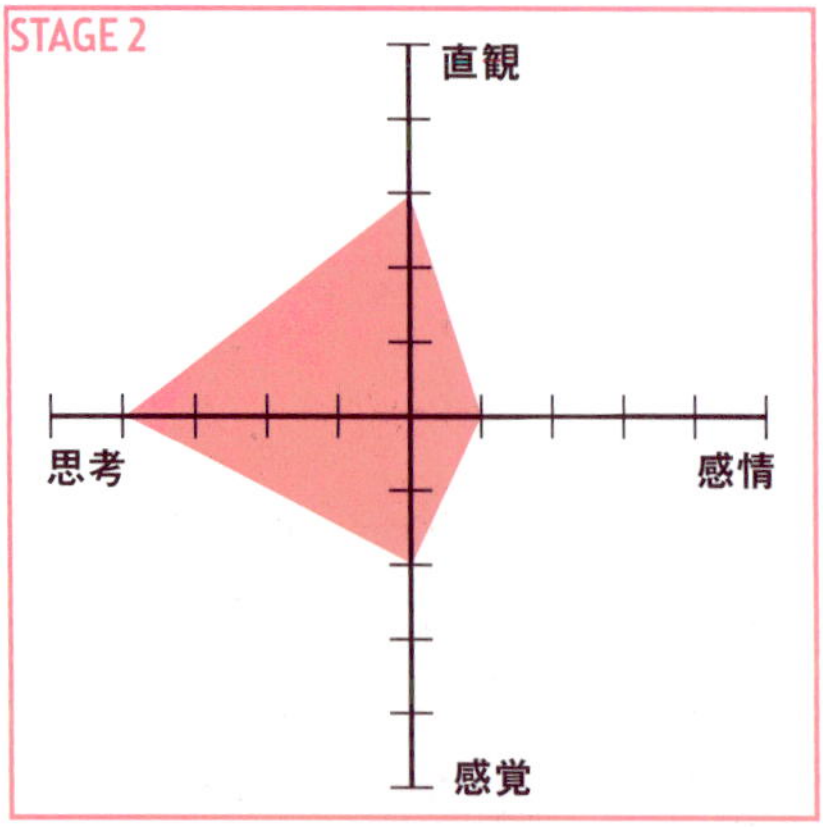

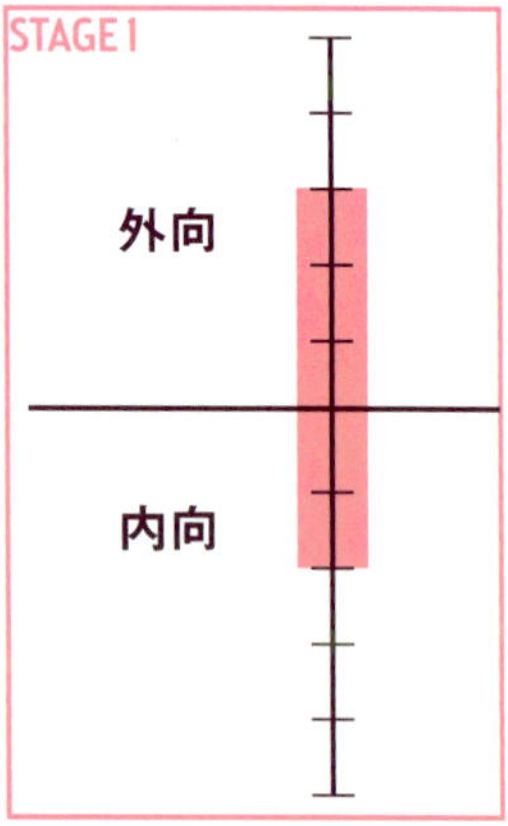

外向的思考（直観）タイプ

（　）内は補助的に働く２番目に優勢な機能、補助機能

ユング心理類型判定スケール（Jungian Scale for Typology, JUSTY）

氏名　西田善太

自分により当てはまると思う方に"○"をつけてください。

	◀◀◀◀◀◀◀◀◀◀◀◀			▶▶▶▶▶▶▶▶▶▶▶▶
設問1	現実の成り行きを考えていることが多い		○	気がつくとよく空想している
設問2	実用書やノンフィクションを好む		○	スピリチュアルな本やファンタジー小説を好む
設問3	人に会うとまず服装や顔色に注意が向く	○		人に会うとまず人柄や気分に注意が向く
設問4	夢は現実の断片からできていると思う	○		夢は現実を超えたものだと感じる
設問5	大勢で協力して取り組む作業を好む	○		ひとりでじっくり取り組む作業を好む
	A→	○		←B

Aが多い場合は、自分により当てはまると思う方に"○"をつけてください。

	◀◀◀◀◀◀◀◀◀◀◀◀			▶▶▶▶▶▶▶▶▶▶▶▶
設問6	客観的な裏づけにもとづいて行動する		○	流行への関心が強い
設問7	現実的な利益や成果を重視する	○		愛情や友情を優先する
設問8	自分の基準が周囲の基準だと思っている	○		周囲の基準が自分の基準だと思っている
設問9	積極的な組織運営にたけている	○		調和的な人間関係を大切にする
設問10	見聞が広がるのがうれしい	○		交友関係が広がるのがうれしい
	C→	○		←D

	◀◀◀◀◀◀◀◀◀◀◀◀			▶▶▶▶▶▶▶▶▶▶▶▶
設問11	感動できる音楽や絵画を探し求める	○		音楽や絵画からインスピレーションをもらう
設問12	面倒なことは後回しにする		○	変化の乏しい状況にはすぐ退屈する
設問13	人を楽しませるのがうまい	○		人から信奉されることがある
設問14	気候や天候で体調を左右されやすい		○	諸々の状況の今後の成り行きがピンとくる
設問15	観察力があると思う		○	ツキや運があると思う
	E→		○	←F

Bが多い場合は、自分により当てはまると思う方に"○"をつけてください。

	◀◀◀◀◀◀◀◀◀◀◀◀			▶▶▶▶▶▶▶▶▶▶▶▶
設問6	自分の意見に隙がないよう考え抜く			つねに自分の情緒の揺れ動きを気にしている
設問7	まずは距離を置いて懐疑的にものごとを見る			良心的で忍耐強い
設問8	抽象的な論理によって判断する			内心での好き嫌いが激しい
設問9	考えを批判されると執拗に反論したくなる			本音を隠して守ろうとする
設問10	人によく皮肉を言う			人の言動によく傷ついている
	G→			←H

	◀◀◀◀◀◀◀◀◀◀◀◀			▶▶▶▶▶▶▶▶▶▶▶▶
設問11	経験のない悩みの相談には答えにくい			経験のない悩みの相談でも核心部分がわかる
設問12	夢は現実に近い展開をすることが多い			夢は劇的な展開をすることが多い
設問13	記憶が事実とくいちがうことが多い			思い込みでわかった気になっていることが多い
設問14	小説中の複雑な血縁関係の理解には家系図がほしくなる			小説中の複雑な血縁関係を理解するのに苦労はない
設問15	ドラマは目の前の場面を追って見ている			ドラマはすぐに先の筋がわかる
	I→			←J

唯一無二の存在感を放つカルチャー誌「ブルータス」。編集長である西田さんは、『ブルータス』が『ブルータス』である理由は、このロゴだけ」だと語ります。専門的なネタも、どんな話題でも、このロゴがあるだけで、何かありそうな期待感をもたせてくれる。そのブランドを守り育てている編集の仕事とはどのようなものなのか、本質に迫りました。

――小さいころから本や雑誌がお好きだったのですか？

童話からSF、ミステリー、Hな小説まで、家にたくさんの本があったから、小さいころからよく本を読んでました。まわりの子たちが夢中になっていたアニメや歌謡曲には、全く興味を持てなくて、遠足のときに自分だけ『巨人の星』のテーマソングを歌えなかったときは、すごいショックでしたね（笑）。でも、本で得た知識、特にエロの話をすると、僕の机のまわりに輪ができるんですね。それで**小さいころは「エロ太」って呼ばれてました（笑）**。いわゆるお喋りな子どもで、母親には「土瓶の口」、父親には「喋る前に10秒考えろ」って言われたし、舌禍事件が多くて、先輩にも目をつけられた。言わなくていいことを口に出して、「ああ、みんな怒ってる」って（笑）。

あとは雑誌とラジオも大好きでした。昔はケータイもテレビもないから、雑誌とラジオだけが外の世界と僕をつないでくれたんです。世の中が、そのとき、何に笑ったり、怒ったりしているのかを知ることができたのはラジオ。世界のどこかで起こっている面白いことを教えてくれたのが雑誌でした。

――西田さんは編集者になる前、コピーライターだったんですよね。

アナウンサーである父親が「ことばの人」だった影響でしょうね。**僕は、「ことば」っていうのは生涯を通じて確かなものだって信じていて**。博報堂に入社して、コピーライターになりました。でも、こういう性格だから、博報堂時代の先輩には「雑誌に行け」ってよく言われてましたよ。「コピーライターは机が友だちなのに、お前は、同期や後輩が通りかかるたびに椅子を勧めて、どうしたの、どうしたの？　コーヒー飲む？　ってやるんだ」と（笑）。

仕事自体もキャッチコピーより、長いコピーを書く方が得意でした。社内では**「長モノの西田」**って呼ばれるくらい。日産自動車の四駆シリーズのための「こうすれば奥さんを説得できるハンドブック」っていう小冊子をつくったことがあって、それがヒットしたんです。「週末に、奥さんの気が緩んだときにこういうプレゼンをしましょう」っていう奥さんを説得するマニュアル本で、「できれば、夜の営みのあとが良いでしょう」って書いちゃったりもして（笑）。いい時代でしょ？　そういう仕事をやっていたので、自分の得意分野を見つけられたっていう喜びと同時に、編集の世界も面白いという気持ちが募っていきました。やっぱり、僕のベースは雑誌や本なんだと思いますね。

―マガジンハウスに入られたきっかけを教えていただけますか？

博報堂に入社して4年目に、広島へ異動の辞令が出ました。そのときに先輩から「一番書ける時に地方に行ってはダメだ。真面目なコピーは10年後でも書けるが、笑えることや、とんでもないことは今練習やっておかないと書けなくなる」と言われたんですね。「転勤するくらいなら、東京でフリーのコピーライターになるか、ずっと好きだと言っていた雑誌の世界にいけ」と。

それで小黒一三さんという元「ブルータス」の名編集者に会いに行ったんです。彼には歴史に残る逸話があって、**「象の領収書100万円伝説」**って言うんですけどね。小黒さんが雑誌の取材でアフリカに出張に行ったあと、経理が経費をチェックしていると、領収書の代わりに葉っぱが貼ってあったんですって。そこに「象1頭100万円」「現地にて死亡」って書いてあった。現地に紙がなかったから葉っぱに書いてもらったと（笑）。完成した本を見ると象がちゃんと出てる。それを見て、つい経理の人が精算のハンコを押しちゃったっていう伝説なんです。真実は分かりませんが、おそらく取材にお金がかかってしまって、急遽考えた策だったのだと思います。雑誌の人は滅茶苦茶だなって（笑）。そんな小黒さんが、僕に**「フリーライターから始めるな。必ず川上からやれ。仕事を流す側からやらないと大きいページ数はできない。最初はどこかのブランドの擁護の下で育ちなさい」**と教えてくれました。

――雑誌の世界に入られて、どうでしたか？

僕にとって編集は、お金をくれる学校……というとなんだか平凡な言い方だけれど……そう、自由に「旅」をさせてくれる仕事と言えるかな。旅の目的地はさまざま、もう好きに旅をさせてくれる。旅行って意味じゃないよ。希少本特集のときには古書店の世界を旅できるし、次の瞬間には酒場だけの旅になるし、商店街を巡ってこいっていう旅もあったな。そもそも人っていうのは、森羅万象に囲まれていて、映画も好きだけどドラマも観るし、三ツ星ももつ焼きも等しく好きだったりするし、なにもかもが総合的に重なってできてる。「ブルータス」も人間と同じで、何かの専門誌にならず、森羅万象を旅しているんですね。そのなかで、糸井重里さんに言われてうれしかったことがあるんですよ。**「ブルータス」は、普段面白いと思っていなかったものから、楽しさ、面白さをつくっている雑誌**だ。面白いことを「見つけている」だけじゃなく、「つくっている」。そう言ってくれたんです。「今ふり返ると、この世界のこれって面白いよね」って傍目から発見できるっていいじゃないですか。その世界のなかにいる人が気付いてないのに「いや、これ面白いですよ」って。そういうのを発見できる喜びはあるかな。

—面白さをつくる仕事でもあるんですね。

ふと思うと、すっごい不思議じゃない？　紙の上にただ文字と写真が載っている「雑誌」ってなんなんだろうって。別に世の中になくてもいいものだよなぁって思います。子どもみたいな大人が集まって、あーだこーだ言いながらつくってるんですよ。**無駄なものというか、なくてもいいものをつくるっていうのは、編集者の面白み**だと思いますね。

僕は調べものをするとき、まず本から入るんだけど、10冊くらい読むと少しずつ分かってくるんです。だんだん自分の中にことばが溜まってくる、そのあと人に会って、話を聞いていく。人に会うほどに質問もうまくなり、勘所をつかむのが上手になっていく。3日で詰め込んだとしても10年前から知ってるくらい、しっかり把握していくのがコツなんです。**1時間は専門家とやり取りできるくらいにはなっておく。そうすると、知らないジャンルの〝専門家〟に一瞬だけなれる**んです。で、次にまた違う分野に飛ぶ。こんな豊かなことはないですよ。

―編集者の面白さをもっと教えてほしいです！

編集者って、情報とか人間のあいだに立って、「あ、これ面白い。俺だったらこういうふうにみんなに話する」っていう役割だと思うんです。世の中には面白い人って結構いるんですよ。しかもそれは才能だから、真似できるものじゃない。それでいて、面白いことを、面白く伝えられる人って、はっきり言ってとても少ないんです。だからそこに編集者が入っていって、みんなに伝えてあげる。編集者自身は面白い必要はないんですね。いろんな面白い人に会うチャンスもあるから、その人の面白さを吸収できる。それって豊かだと思わない？　これは編集の仕事の醍醐味だと思うよ。編集者を**「面白さを見つける勘と行動パターンを見つける仕事」**だと考えれば、**編集っていう考えを身につけて、証券会社の営業マンだとしても役に立つ**と思う。

じゃあ編集の中でも、ことばやビジュアルで伝える良さって何か。最近は映像で何かを説明したり、伝えたりすることが増えているけど、たしかに映像って、文章を読むより、分かりやすく伝えることができるんだよね。ただ、それを見た人が、他の人に説明することができないんです。普通、人って面白い情報を受け取ったら、誰かにまた面白く話したいと思うんだけど、映像だと「ああ面白かった」で終わってしまって、その面白さをことばにして人と話せないわけ。視覚的に分かりやすい情報ほど、それをほかの誰かに伝えることは難しくなる。感覚だけしか残らないから。一方、雑誌はことばとビジュアルとレイアウトが手段なので、読み手は、自分の読解力を使って理解していく。だからこそ、情報を組み合わせて他の人に伝えることができる。どんな情報にも自分のことばを使って説明できる。それは素晴らしいことだと思います。

―最後に学生へのメッセージをいただけますか？

僕が若いときは、時間がたくさんありました。今でも、なんであんなに暇だったんだろうって思いますよ。いや、暇というか、やりたいことに時間が使えていたと思うんだよね。僕の場合、本とラジオと海と映画と雑誌。**何かを思いきり好きになったり、夢中になったりする原体験は、あとあと何かに迷ったときに良いエンジンになります**。「ポパイ」が好きすぎて、そこに載ってるＵＣＬＡのトレーナーを着た女の子のことまで好きになっちゃうとか。誌面を壁に貼って、「結婚するんだ」と妄想するみたいな。猛烈に好きになった「あのときのあの感じ」の感覚が本人にしか分からないエンジンになるんです。今の学生も、それくらい好きなことを見つけていってくれればいいなって思います。

それに、みんながやっていること、みんなで決めたことは、正しいけど、間違いなく面白くないんです。みんなと全然違う方向に行っちゃえばいい。「ソーシャルグッド」みたいなものを、なんでみんな口々に言うんだろう。町工場を復活させる、地方の名産品を学生の手で売る、みたいな。それをフェイスブックで告知したりしてね。だったら、大学４年間、本だけ読んでろよって思う。旅でもいいと思うし、１日二人ずつ人に会うとか。おっさんの繰言で申し訳ないけど、そう思いますね。

竹村俊介

編集者は、まだ見ぬ明るい未来を
信じる仕事だから
出版不況と悩んでいられない。

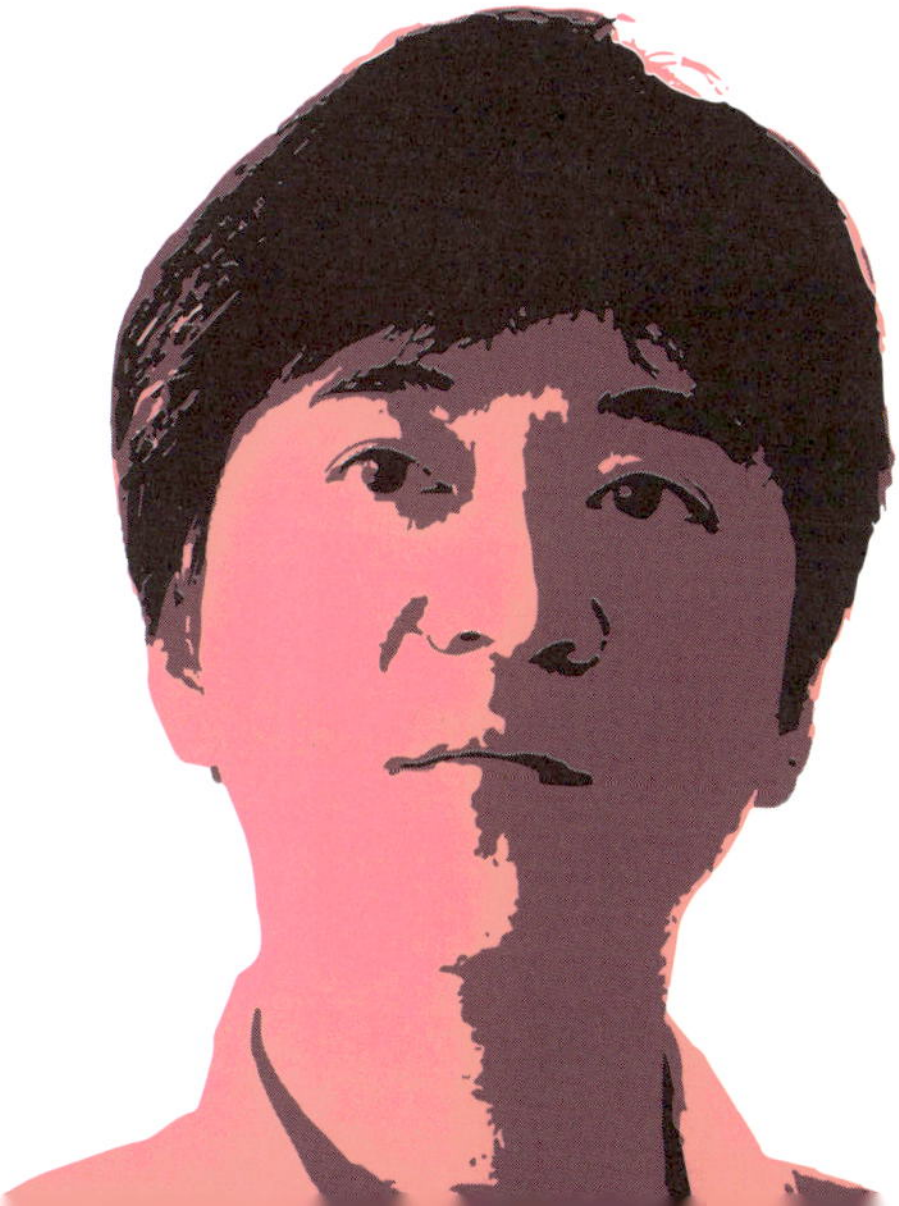

ビジネスパーソンの「孫の手」をつくる人

株式会社ダイヤモンド社
書籍編集局　第二編集部　竹村《たけむら》俊介《しゅんすけ》

1980年生まれ。大学卒業後、2005年に日本実業出版社に入社。中経出版、星海社を経て2013年からダイヤモンド社へ。主な担当作に『SNSポリスのSNS入門』（かっぴー）、『ぼくらの仮説が世界をつくる』（佐渡島庸平）、『女子高生社長、経営を学ぶ』（椎木隆太／椎木里佳）、『佐藤可士和の打ち合わせ』（佐藤可士和）、『世界で突き抜ける』（竹中平蔵／佐藤航陽）など。

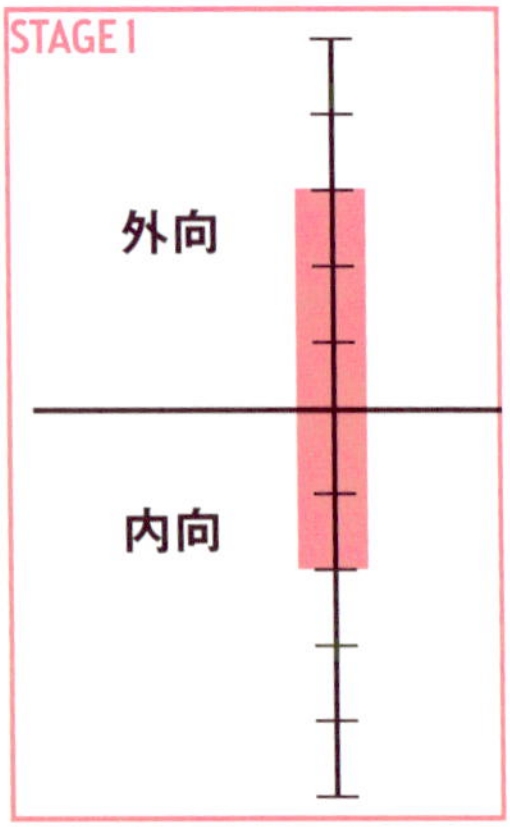

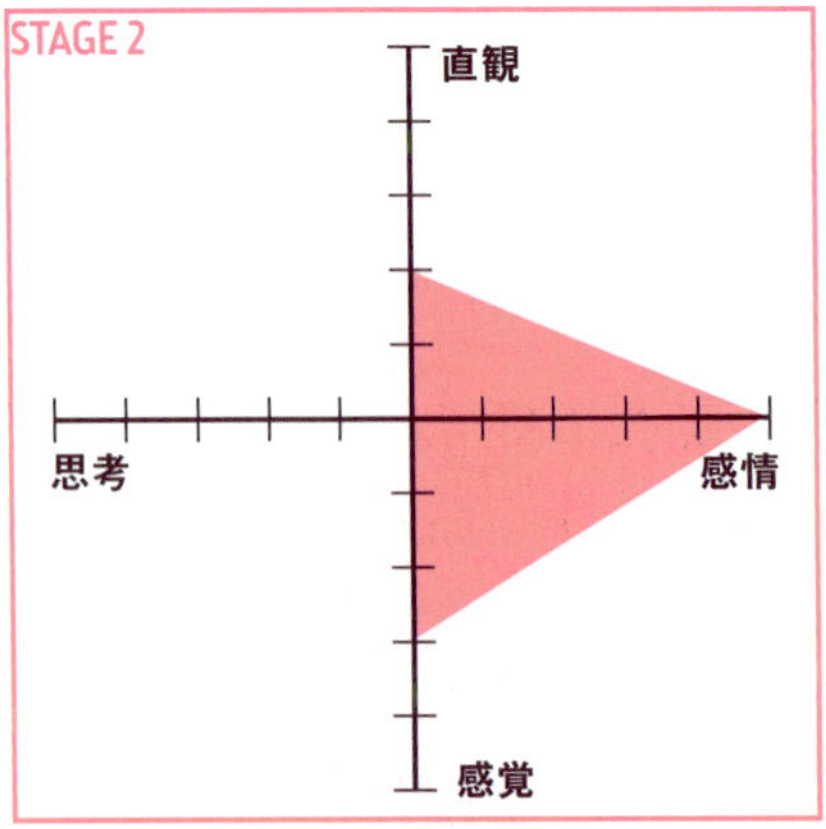

外向的感情（感覚）タイプ

（　）内は補助的に働く2番目に優勢な機能、補助機能

ユング心理類型判定スケール(Jungian Scale for Typology, JUSTY)

氏名 竹村 俊介

自分により当てはまると思う方に"○"をつけてください。

	◀◀◀◀◀◀◀◀◀◀◀◀			▶▶▶▶▶▶▶▶▶▶▶▶
設問1	現実の成り行きを考えていることが多い	○		気がつくとよく空想している
設問2	実用書やノンフィクションを好む	○		スピリチュアルな本やファンタジー小説を好む
設問3	人に会うとまず服装や顔色に注意が向く		○	人に会うとまず人柄や気分に注意が向く
設問4	夢は現実の断片からできていると思う	○		夢は現実を超えたものだと感じる
設問5	大勢で協力して取り組む作業を好む		○	ひとりでじっくり取り組む作業を好む
	A→	○		←B

Aが多い場合は、自分により当てはまると思う方に"○"をつけてください。

	◀◀◀◀◀◀◀◀◀◀◀◀			▶▶▶▶▶▶▶▶▶▶▶▶
設問6	客観的な裏づけにもとづいて行動する		○	流行への関心が強い
設問7	現実的な利益や成果を重視する		○	愛情や友情を優先する
設問8	自分の基準が周囲の基準だと思っている		○	周囲の基準が自分の基準だと思っている
設問9	積極的な組織運営にたけている		○	調和的な人間関係を大切にする
設問10	見聞が広がるのがうれしい		○	交友関係が広がるのがうれしい
	C→		○	←D

	◀◀◀◀◀◀◀◀◀◀◀◀			▶▶▶▶▶▶▶▶▶▶▶▶
設問11	感動できる音楽や絵画を探し求める	○		音楽や絵画からインスピレーションをもらう
設問12	面倒なことは後回しにする	○		変化の乏しい状況にはすぐ退屈する
設問13	人を楽しませるのがうまい	○		人から信奉されることがある
設問14	気候や天候で体調を左右されやすい		○	諸々の状況の今後の成り行きがピンとくる
設問15	観察力があると思う		○	ツキや運があると思う
	E→	○		←F

Bが多い場合は、自分により当てはまると思う方に"○"をつけてください。

	◀◀◀◀◀◀◀◀◀◀◀◀			▶▶▶▶▶▶▶▶▶▶▶▶
設問6	自分の意見に隙がないよう考え抜く			つねに自分の情緒の揺れ動きを気にしている
設問7	まずは距離を置いて懐疑的にものごとを見る			良心的で忍耐強い
設問8	抽象的な論理によって判断する			内心での好き嫌いが激しい
設問9	考えを批判されると執拗に反論したくなる			本音を隠して守ろうとする
設問10	人によく皮肉を言う			人の言動によく傷ついている
	G→			←H

	◀◀◀◀◀◀◀◀◀◀◀◀			▶▶▶▶▶▶▶▶▶▶▶▶
設問11	経験のない悩みの相談には答えにくい			経験のない悩みの相談でも核心部分がわかる
設問12	夢は現実に近い展開をすることが多い			夢は劇的な展開をすることが多い
設問13	記憶が事実とくいちがうことが多い			思い込みでわかった気になっていることが多い
設問14	小説中の複雑な血縁関係の理解には家系図がほしくなる			小説中の複雑な血縁関係を理解するのに苦労はない
設問15	ドラマは目の前の場面を追って見ている			ドラマはすぐに先の筋がわかる
	I→			←J

「ビジネス書・実用書分野の巨人軍」と呼ばれるダイヤモンド社で、世の中を一歩リードするビジネス書を担当している竹村さん。『ぼくらの仮説が世界をつくる』（佐渡島庸平）、『佐藤可士和の打ち合わせ』（佐藤可士和）など、各業界をけん引する方々を取り上げ、その思考法を私たちに伝えてくれます。出版業界が斜陽産業と言われる中で、「大切なことは、傍観して悲観するのではなく、自分で変えていこうとすることだ」と語る竹村さんは、業界をけん引する方々の本を通して、私たちの将来を明るく照らそうとしてくれているのかもしれません。

――昔から編集者になりたかったのでしょうか？

子どものころは新聞記者になるのが夢でした。なので、大学はマスコミに強そうな早稲田を選んで、学生新聞を発刊しているサークルに入りました。でもつくっているものは、新聞というより雑誌に近かったです。ニュースを掲載するわけではなく、自分たちでネタを探して紙面の企画をするのが主な活動でした。そのうちに、だんだん**雑誌の編集者に憧れるようになり、就職活動中は出版社を志望していました**。……というのも本音ですけど、僕は怖いものが嫌いで、「新聞記者になって戦地に派遣されたら嫌だな」「海外は怖いな」と思ったのも、進路を変えた理由の一つです（笑）。

――そのあと、日本実業出版社に就職されたそうですね。入社後は、どんな仕事を担当されたのですか？

最初の配属先は営業部で、都内と神奈川の書店をぐるぐる回っていました。でもずっと編集者になりたい気持ちは変わらなくて、毎年異動願いを出していました。最初は雑誌志望だったんですけど、いろんな本棚を見ているうちに書籍に興味が湧いてきたので、書籍の編集部を希望するようになりました。でも、3年経っても状況はそのままで、ついに後輩が僕の先を越して、書籍の編集部に異動したんです。さすがに「なんであいつが」と思いましたよ。それならと、転職先を探し、編集者として中経出版に入社しました。そのあと、星海社で星海社新書の立ち上げに参画し、ダイヤモンド社に転職しました。

──出版業界では、多くの人がステップアップのために転職をしていますよね。

最初から大手に入るに越したことはないかもしれません。就職活動中の学生も、「転職するつもりですが入社希望です」なんて面接では言えないし。転職はあまり頭にないと思います。でも、大学生にアドバイスを求められたときは常に**「端っこでもいいから、出版業界に引っかかっておいた方がいいよ」**と言っています。あまり知名度の高くない出版社でも、編集プロダクションでも、書店でもいいんです。給料や将来性が気になるかもしれませんが、最初は修行だと思って頑張る。とにかく出版業界に携わっていることが大事なんです。**僕自身、何度も転職を経験してきたからこそ今の自分があると思っています**。

―転職することで、着実に階段を登ってこられたんですね。初めて編集を担当されたのは、どんな本でしたか。

最初に担当したのは、臼井由妃さんの『今日からできる上手な話し方』という実用書です。これは自分の体験談から生まれた企画です。当時は、憧れの編集者になったものの、何から始めればいいのか分からず、とりあえずいろんな出版記念セミナーに顔を出していました。そうしたらあるとき、30人くらいの人を前に、挨拶をするように言われたんです。突然ですよ。**もう頭は真っ白で、自分でも何を言っているのか分からないくらい混乱して、うまくスピーチができなかったんです。今でも赤面するくらい。すごく恥ずかしい思いをしましたね**。でもその直後、臼井さんが登壇され、会場の空気をガラッと変えたんです。その姿を見て「僕も人前で話せるようになりたい」と思ったと同時に、「他にも同じように困っている人がいるのではないか」と気付きました。それが、この本を思いついたきっかけです。

―竹村さんはいつもどうやって企画を考えているのでしょうか？

方法はいろいろありますが、悩みごとから企画が生まれることもあるので、思いついたことは全部、携帯のメモに残すようにしていますね。でも、少し前の時代は、ビジネス書の世界では勝間和代さんとか、本田健さんとか、本田直之さんとか、この人が出せば絶対売れるっていう人がいたんですけど、最近は「この人だ！」と思えるベストな著者をなかなか見つけられなくて、著者探しが難しいなと思っています。

今の時代、みんなが先の見えない未来に迷ってると思うんです。僕は今年で36歳になりましたが、40代、50代で「こうなっていたい」「この人についていけばOK」みたいな人をイマイチ見つけられていません。少し昔だったら、ワタミ社長の渡邉美樹さんが、たとえば「夢に日付を入れましょう」みたいなことを言ったら「あ、そうだ。ああなりたい」って思ったでしょうけど（笑）。最近はそういう、「なりたい」と思えるロールモデルが見つけられない時代なんです。10代、20代になるともっとカオスなんじゃないかな。ユーチューバーが将来の夢で第2位とか第3位とか出てきているくらいだから（笑）。ああなりたいと思えれば別にいいんですけど、ますます先が見えないな、と感じてしまうことがあります。旗を立てて「こっちだよ」って言う人がいないから、将来が不安に見えるかもしれません。もちろん旗を立てる人の言うことが良い・悪い、反対・賛成いろいろあるでしょうけど。今は旗を立てる人すらいないですから。

――竹村さんにとって、編集者とは何ですか。

まだ見ぬ明るい未来を信じる仕事です。編集者の中には、「出版不況だ」とか、「紙の時代は終わる」とか、自分たちの未来を嘆いている人もいます。でも、業界の中にいる人がそれを言ってどうする、と僕は思うんです。それこそ学生が情報を鵜呑みにしてしまうかもしれません。実際、一部の学生から「出版業界そのものが、もう終わっている」「ウェブサイトに直接アップできるから、編集者なんていらない」と言われたこともありました。

でも、**本には本の魅力があります**。だから編集者は、自分はこれからどうなるんだろう、世の中はどうなるんだろうと、悩んでいる場合ではないんです。自分自身も、未来を築いていく一員なんですから。**こういう世界にしたい、という理想があるなら、その未来が実現するようにアクションを起こすべきです**。傍観者になると、誰かがつくったレールに乗せられてしまいます。これから本がどうなるのか私にも分かりませんが、編集者は誰よりも、本の未来を信じる存在であってほしいと思います。

——……ということは、竹村さんはこれからも紙の本に力を注がれるのでしょうか。

いいえ、そうは言っても時代の流れがありますから、**今後は紙やウェブといった形にこだわらず、その先の目的を達成することに力を尽くしたいと思っています**。たとえば私が担当した『外資系エリートがすでに始めているヨガの習慣』という本の目的は、ビジネスマンにヨガを広めることです。ウェブで発信する、イベントを開くなど、方法はいろいろありました。でもこの案件に関しては、特に効率的なのが本の出版だったんです。本がベストセラーになれば、テレビ番組で取り上げられて、「今ビジネスマンにヨガが流行っているんだ」と世間に広く知らせられる。速く、端的に、幅広く情報を伝えるためには、本が最適だったんです。

——最後の質問です。ずばり、編集者の仕事は楽しいですか。

すごく楽しいです! これはぜひ書いてください(笑)。本は、著者、編集者、カメラマンなどのクリエイターによってつくられ、印刷所の職人が形にして、取り次ぎと呼ばれる本の問屋が流通に乗せ、トラックの運転手が運び、書店の販売員がレジを打って、ようやく読者の元に届きます。**多くの人の承認を得て初めて、情報が読者に伝わるんです**。ウェブのように、たった一人のワンクリックで世に出るものとは違う特別感があると思いませんか？　最近、ウェブ上で漫画を連載している作家の初著書を担当することになったのですが、その方にも、「やっぱり本は特別な感じがする」と言われました。

それに本って、**比較的自由度の高いメディアなんです**。雑誌には編集長が決めた方針がありますし、テレビ番組や映画にはスポンサーがいます。ダイヤモンド社には「ダイヤモンドオンライン」というウェブサイトもありますが、ビジネス記事がメインです。でも書籍の編集部は、どんな本をつくるのか、編集者に一任されています。ビジネス分野に限らず、読者にウケると思ったタイトルやテーマを思いつけば、形にできる。一つの世界観を自由につくることができる。自分が「これだ！」と信じたことを曲げずに、世の中に出せるんです。だから私は、**面白いことをやりたい、という人にこそ、出版業界に来てもらいたいと思っています**。

箕輪厚介

嘘は心を打たない。
就職活動で大切なのは
ありのままの自分をさらけ出すこと。

編集者1年目で超大物を口説いた「好き」を貫く若手編集者

株式会社 幻冬舎
編集者 箕輪《みのわ》 厚介《こうすけ》

1985年生まれ。早稲田大学第一文学部卒業後、2010年双葉社に入社。女性ファッション誌「エッジ・スタイル」の広告営業を手がけるかたわら、2013年には与沢翼責任編集「ネオヒルズ・ジャパン」を創刊。2014年に編集部に異動し『たった一人の熱狂―仕事と人生に効く51の言葉―』（見城徹）、『あえて、レールから外れる。逆転の仕事論』（堀江貴文）を企画・編集。2015年から幻冬舎へ移籍。『新企画』（鈴木おさむ）、『まだ東京で消耗してるの?』（イケダハヤト）などを担当。堀江貴文大学校特任教授など。「アドバタイムズ」コラム執筆中、「渋谷のラジオ」水曜日担当。

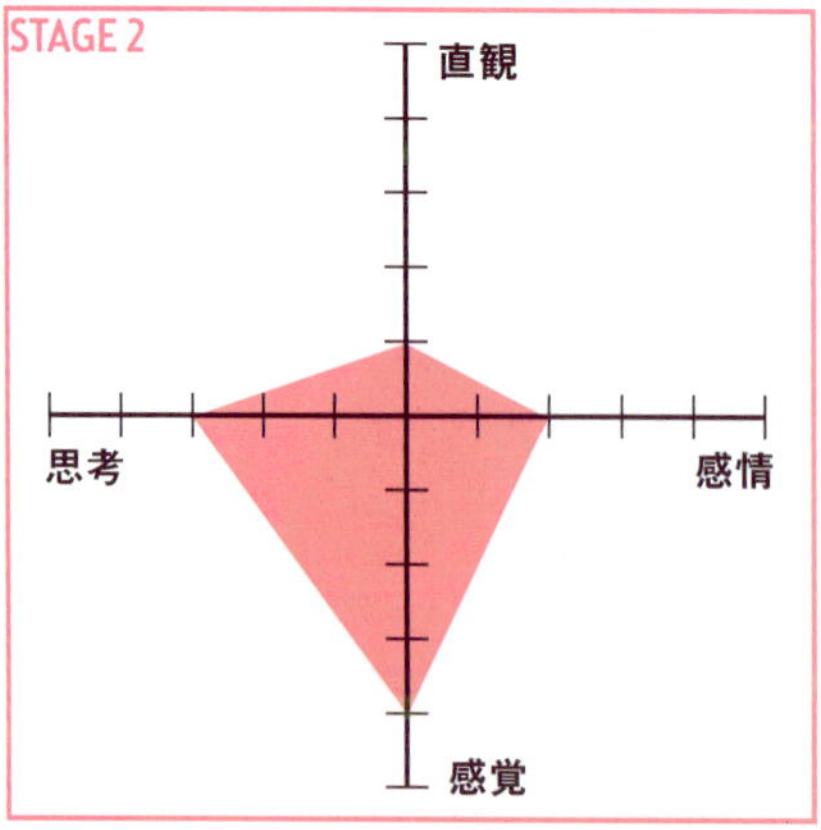

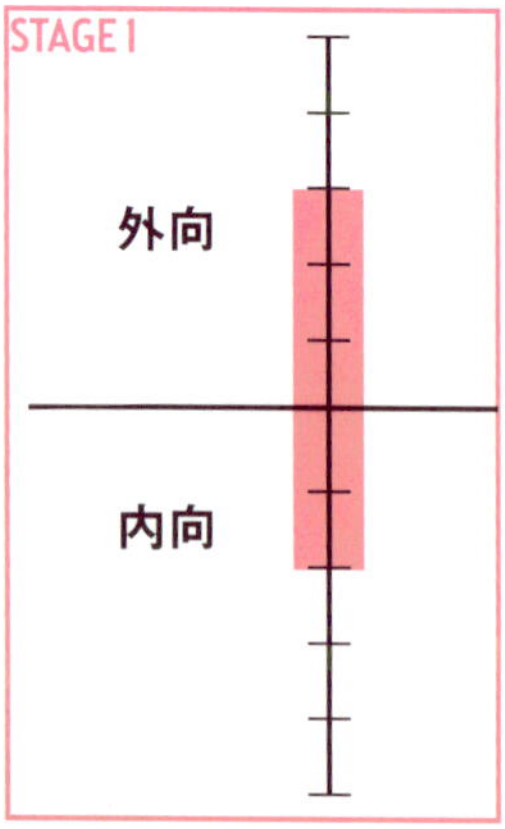

外向的感覚（思考）タイプ

（ ）内は補助的に働く2番目に優勢な機能、補助機能

ユング心理類型判定スケール（Jungian Scale for Typology, JUSTY）

氏名

自分により当てはまると思う方に"○"をつけてください。

	◀◀◀◀◀◀◀◀◀◀◀◀			▶▶▶▶▶▶▶▶▶▶▶▶
設問1	現実の成り行きを考えていることが多い	○		気がつくとよく空想している
設問2	実用書やノンフィクションを好む	○		スピリチュアルな本やファンタジー小説を好む
設問3	人に会うとまず服装や顔色に注意が向く		○	人に会うとまず人柄や気分に注意が向く
設問4	夢は現実の断片からできていると思う	○		夢は現実を超えたものだと感じる
設問5	大勢で協力して取り組む作業を好む		○	ひとりでじっくり取り組む作業を好む
	A→	✓		←B

Aが多い場合は、自分により当てはまると思う方に"○"をつけてください。

	◀◀◀◀◀◀◀◀◀◀◀◀			▶▶▶▶▶▶▶▶▶▶▶▶
設問6	客観的な裏づけにもとづいて行動する	○		流行への関心が強い
設問7	現実的な利益や成果を重視する	○		愛情や友情を優先する
設問8	自分の基準が周囲の基準だと思っている	○		周囲の基準が自分の基準だと思っている
設問9	積極的な組織運営にたけている		○	調和的な人間関係を大切にする
設問10	見聞が広がるのがうれしい		○	交友関係が広がるのがうれしい
	C→			←D

	◀◀◀◀◀◀◀◀◀◀◀◀			▶▶▶▶▶▶▶▶▶▶▶▶
設問11	感動できる音楽や絵画を探し求める	○		音楽や絵画からインスピレーションをもらう
設問12	面倒なことは後回しにする	○		変化の乏しい状況にはすぐ退屈する
設問13	人を楽しませるのがうまい	○		人から信奉されることがある
設問14	気候や天候で体調を左右されやすい		○	諸々の状況の今後の成り行きがピンとくる
設問15	観察力があると思う	○		ツキや運があると思う
	E→			←F

Bが多い場合は、自分により当てはまると思う方に"○"をつけてください。

	◀◀◀◀◀◀◀◀◀◀◀◀			▶▶▶▶▶▶▶▶▶▶▶▶
設問6	自分の意見に隙がないよう考え抜く			つねに自分の情緒の揺れ動きを気にしている
設問7	まずは距離を置いて懐疑的にものごとを見る			良心的で忍耐強い
設問8	抽象的な論理によって判断する			内心での好き嫌いが激しい
設問9	考えを批判されると執拗に反論したくなる			本音を隠して守ろうとする
設問10	人によく皮肉を言う			人の言動によく傷ついている
	G→			←H

	◀◀◀◀◀◀◀◀◀◀◀◀			▶▶▶▶▶▶▶▶▶▶▶▶
設問11	経験のない悩みの相談には答えにくい			経験のない悩みの相談でも核心部分がわかる
設問12	夢は現実に近い展開をすることが多い			夢は劇的な展開をすることが多い
設問13	記憶が事実とくいちがうことが多い			思い込みでわかった気になっていることが多い
設問14	小説中の複雑な血縁関係の理解には家系図がほしくなる			小説中の複雑な血縁関係を理解するのに苦労はない
設問15	ドラマは目の前の場面を追って見ている			ドラマはすぐに先の筋がわかる
	I→			←J

出版社に入社後、広告部で新規開拓を次々と成功させ、ホリエモンこと堀江貴文さんや、幻冬舎社長見城徹さんなど、ビジネス界に君臨する大物著者を口説いてヒット作を生み出している箕輪さん。頭脳派の策士かと思いきや、取材現場に現れたのは、Tシャツ、短パン、ビーサン、というビーチスタイルの朗らかな男性でした。しかも話を聞いてみると「ギリギリ退学にならない、クラスで下から二番目のバカだった」とのこと。自分を包み隠さず、好きなことに真っすぐ突き進む素直さが、人と仕事を惹き付けているようです。

―編集者1年目にして、いきなり大物著者の企画を実現させている箕輪さんですが、子どものころはどんな性格でしたか？

授業中も休み時間も関係なく、常にふざけている生徒でした。先生に言われて覚えているのは「箕輪と席が近くなった生徒は成績が下がる」というひどい一言。実際僕自身**クラスで下から2番目**で、進級できるかどうか、毎年ギリギリのラインでした。家庭科の授業でエプロンづくりをしたときは、ミシンじゃなくてガムテープでつくろうとしたりして（笑）。子どものころも今も、**やりたくないことは徹底的にできない、好きなことしか続かない性格**です。

―ということは、小さいころから本が好きだったんですか？

好きな本はありましたが、いわゆる読書家タイプではありませんでした。でもそれでは出版社に入れるはずがないと思い、**就職活動では適当に読書家のふりをしました**。そうしたら、どの出版社も見事に不採用。結局受かったのは、海が好き、という理由で選んだ沖縄のリゾートホテルだけでした。でもその会社、入社する前に倒産してしまったんです！　行く宛がなくなった僕は、友だちの別荘を借りて、伊豆の海を眺めながらぼんやり過ごしました。「暇だなー」って。

そして数カ月後、二度目の就職活動にチャレンジして受かったのが、双葉社です。そのとき心掛けたのは、**ありのままの自分をさらけ出す**こと。面接では「本は好きですが、読書家ではありません。大学時代は酒ばかり飲んでました。でも、この一冊には強烈に惹かれたんです」などと正直に話しました。就職活動中って変なスイッチが入ってしまって、「毎月二十冊読んで感想を書いていました」って言ったり、演技をしたり、自分をよく見せようとする人がいますよね。でもどんなに取り繕っても大体分かります。面接官だって、スーツを着ているからまともな大人に見えますが、中身は「たまには仕事さぼりたいなぁ」と思ってるような人間ですよ。だから**絶対に、嘘は心を打たない。包み隠しても仕方ないんです**。好きなことは好きだと言う、できないならできないと伝える。それに気付いてから、面接に通るようになりました。ただ、某大手出版社の最終面接に私服で行ったら、さすがに怒られましたけどね。今日と同じような服装だったんで。

―さすがに面接官もびっくりですね（笑）。双葉社での評判はどうでしたか。

内定はもらえたものの、**入社前の評価は最悪**でした（笑）。内定をもらってから卒業するまでに、いろんな部署の先輩社員に話を聞く会が月イチであって、僕は私服で行ってたんです。そうしたら最終回で先輩に、「ずっと言おうと思ってたけど、**社会人としてありえない**からね」って言われて。スーツで来なかったのは、歴代の新人で僕だけだったとあとから聞きました。

――入社後は広告部で新規開拓をされたと伺いました。編集者志望だったのに、なぜ他の部署に配属されてしまったのでしょうか？

僕は研修の過程でダメ人間だと思われていたので、**社会というものを学ばせるために広告部に配属されたんです**。でも実際広告部はそれほど忙しくなく、最初は編集部を横目に見て、「広告部って楽だなぁ」と思っていました。でも数年後、転機がきました。担当の雑誌が変わって、ギャル系ファッション誌の営業をすることになったんです。編集長が、渡辺拓滋さんという、双葉社といえば、と言われるくらいのやり手編集者で、小泉純一郎さんの写真集や、石原真理子さんの暴露本を担当されていました。

渡辺さんのことは好きだったので、この人のためにという思いで、雑誌の広告を取りまくりました。ただ、担当の雑誌は、競合誌に比べて購読数で負けていたので、他の雑誌に広告を出しているクライアントにいっても勝ち目はありませんでした。だからあえて異業種に飛び込みました。たとえば、トンカツ屋。「**ギャルにトンカツ流行らせましょう**。ブログとツイッターで連動させて、バズらせれば、女の子がトンカツ屋に殺到しますよ！」って。今思うと、それは無茶だろって思うようなことでも、とにかく提案しましたね。

でも、広告営業に配属になって、まあ良かったと思います。雑居ビルに入っているキャバ嬢の斡旋会社に飛び込み営業をしたり、当時有名だったうさんくさい実業家と組んで、広告部にいながら雑誌を創刊したり、部署の枠を超えて好き勝手に仕事ができたからです。そして、人に頭を下げてお金をもらうという、精神的にハードルの高い仕事を体験できた。この経験は、編集部ではできません。**広告部に配属されたおかげで、少し視野が広がりました。**

編集者の中には、クリエイターづらをして、気の合う仲間と内輪な仕事をして満足している人もいます。でも大体つまらないものしかつくってない。結局、口説くのが難しかったり、付き合うのが難しい人と関係をつくって、大変な仕事をしないと面白いものはできない。そのときに必要なのは、相手目線で考えること。この訓練を新人時代に経験できたのは良かったかもしれないです。編集者になった今も、相手のニーズをとことん探るという広告部時代の考え方を、大事にしています。

――広告部を経て編集部へ異動し、双葉社から幻冬舎へ転職。さまざまな職場を経験されていますが、どんな人が編集者に向いていると思いますか？

これ、言っていいのかな……。**今「出版社に就職して編集者になりたい」と言っている感性の人は、優秀な編集者にはなれない**と思います。会社のトイレでアルバイトの大学生に会ったとき、「編集者になりたい？」って聞いてみたんです。そうしたらキラキラした眼差しで「めちゃくちゃなりたいです！」って。それなら今、この瞬間に編集を始めるべきですよ。出版社でアルバイトをして、電話を取ったり、アンケートを集計したり、そういう雑用も仕事論的には大切ですが、もっと他にできることがある。好きな書き手に飛び込んで、「今までの名言をまとめて、電子書籍化させてください」って言ったら、承諾してくれるかもしれません。そうしたら、一冊、世に出せるわけです。

出版社に入らなければ編集者になれない、という時代は終わりました。紙の売り上げが落ち、電子書籍の売り上げがじわじわと伸びている今、編集者には、SNSや、オンラインサロンの運営、電子書籍化など、**総合プロデューサー的な能力**が求められています。だからこそ、編集者を目指している若手には下克上のチャンスがあるんです。10代のころからインターネットやスマートフォンを使いこなし、複数のSNSを同時に操作できる。面白い活字コンテンツが、ネット上でどうしたら人に読まれるのかを知っている。その能力は、長年書籍編集をしてきた先輩たちに唯一勝てるところです。今、著者が若手の編集者に魅力を感じるとしたら、電子書籍のつくり方を知っていたり、オンラインサロンの開設経験があったり、**書籍以外で書き手の才能をマネタイズする方法を知っている人**です。いつまでも真面目に紙の本の企画を出していたら、いつまでたっても優秀な先輩たちには勝てない。新しい武器を使って、勝手に進めちゃうくらいじゃないと。

——では、SNSや電子書籍など、新しい武器を大学時代に身につけておいた方が有利なのでしょうか？

いやいやいや、好きでもないのにSNSを始めたり、電子書籍をつくったりする必要はありません。そういうのって、**努力ではなく感覚**だと思います。僕なんて、大学時代はひたすら友だちと遊んで、笑って、毎日が楽しすぎて常に声が枯れていました（笑）。

逆に、もし大学4年間を就職のための準備に費やしたら、社会人になってから迷走しますよ。自分の感覚というモノサシがなければ、内容もタイトルも、誰にも刺さらない。上司や営業の顔色を伺ってつくったような、ありきたりな本になってしまいます。片方では、人の意見やマーケティングのデータを視野に入れることも必要ですが、結局最後は誰もが、自分の感覚を頼りに決めるしかない。これが好き、これが嫌い、めっちゃウケる、何となく気持ち悪い。そういう判断基準は、時間がたっぷりある学生時代にこそ磨かれる。そのためにも在学中は、**自分が好きなことを好きなだけやる**。それが大切なんです。編集者になったら、大学時代に味わった感動や、他愛もない話が、全部仕事に変わりますから。

河西啓介

僕の原点は「NAVI」が好きな気持ち。
雑誌を引き継ぎ、会社を立ち上げたのは
逃れようのない運命だった。

不採用・休刊にもめげない日本一あきらめが悪い編集長

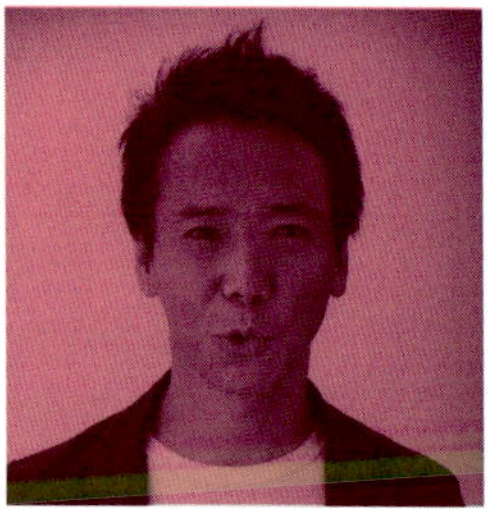

株式会社ボイス・パブリケーション
代表取締役「MOTONAVI」編集長
河西《かわにし》 啓介《けいすけ》

1967年生まれ。早稲田大学を卒業後、広告会社、編集プロダクション勤務を経て、二玄社に入社。「NAVI」編集部に勤務。2001年「MOTO NAVI」を創刊。2003年より「BICYCLE NAVI」編集長を兼務する。2010年独立。出版社ボイス・パブリケーションを設立。現在は同社の代表取締役兼、自動車雑誌「NAVI CARS」を加えた3誌の編集長も務める。芸能事務所サンミュージック所属の文化人という顔も持つ。

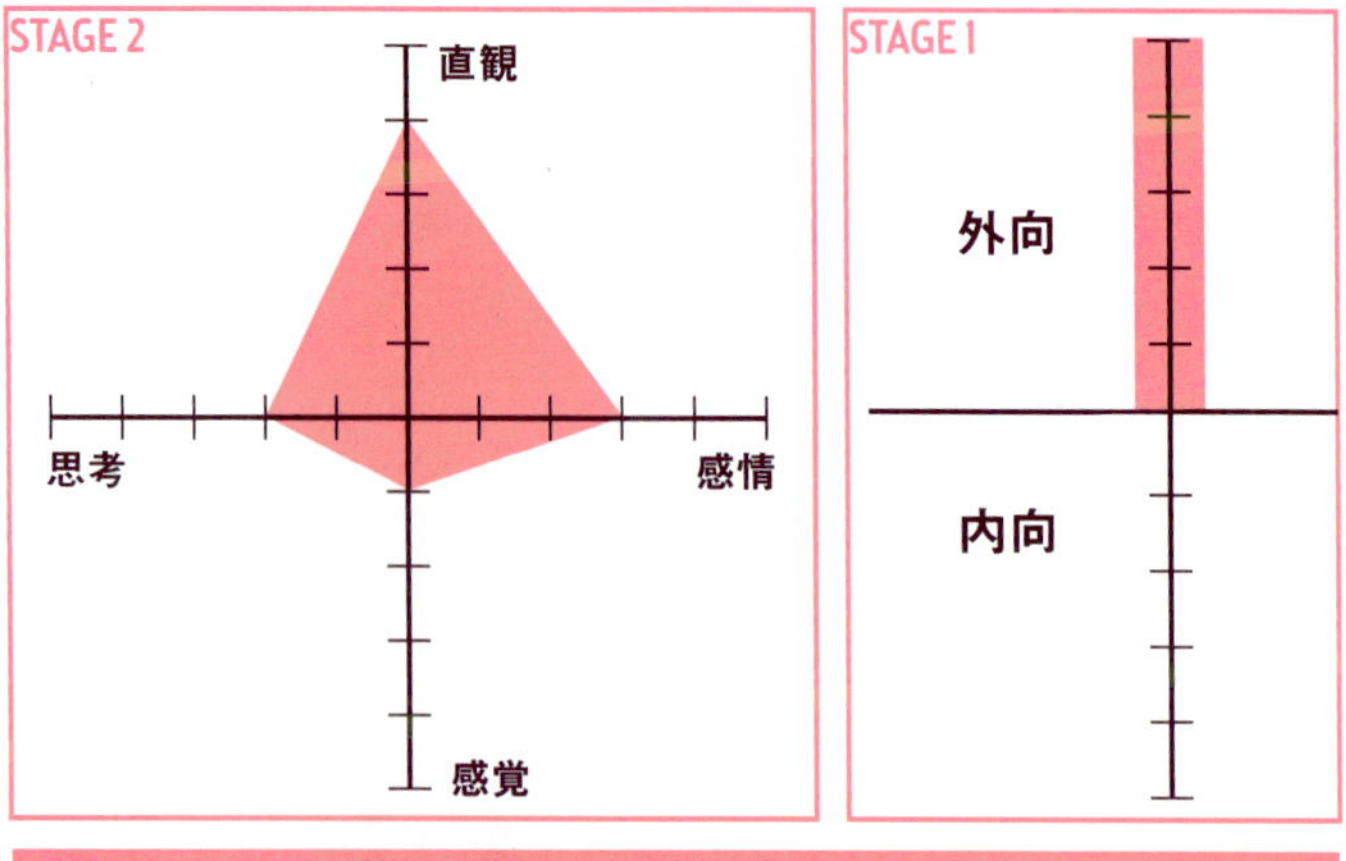

外向的直観（感情）タイプ

（　）内は補助的に働く２番目に優勢な機能、補助機能

ユング心理類型判定スケール（Jungian Scale for Typology, JUSTY）

氏名　河西啓介

自分により当てはまると思う方に"○"をつけてください。

	◀◀◀◀◀◀◀◀◀◀◀◀◀			▶▶▶▶▶▶▶▶▶▶▶▶
設問1	現実の成り行きを考えていることが多い	○		気がつくとよく空想している
設問2	実用書やノンフィクションを好む	○		スピリチュアルな本やファンタジー小説を好む
設問3	人に会うとまず服装や顔色に注意が向く	○		人に会うとまず人柄や気分に注意が向く
設問4	夢は現実の断片からできていると思う	○		夢は現実を超えたものだと感じる
設問5	大勢で協力して取り組む作業を好む	○		ひとりでじっくり取り組む作業を好む
		A→	←B	

Aが多い場合は、自分により当てはまると思う方に"○"をつけてください。

	◀◀◀◀◀◀◀◀◀◀◀◀◀			▶▶▶▶▶▶▶▶▶▶▶▶
設問6	客観的な裏づけにもとづいて行動する		○	流行への関心が強い
設問7	現実的な利益や成果を重視する		○	愛情や友情を優先する
設問8	自分の基準が周囲の基準だと思っている	○		周囲の基準が自分の基準だと思っている
設問9	積極的な組織運営にたけている	○		調和的な人間関係を大切にする
設問10	見聞が広がるのがうれしい		○	交友関係が広がるのがうれしい
		C→	←D	

	◀◀◀◀◀◀◀◀◀◀◀◀◀			▶▶▶▶▶▶▶▶▶▶▶▶
設問11	感動できる音楽や絵画を探し求める		○	音楽や絵画からインスピレーションをもらう
設問12	面倒なことは後回しにする		○	変化の乏しい状況にはすぐ退屈する
設問13	人を楽しませるのがうまい	○		人から信奉されることがある
設問14	気候や天候で体調を左右されやすい		○	諸々の状況の今後の成り行きがピンとくる
設問15	観察力があると思う		○	ツキや運があると思う
		E→	←F	

Bが多い場合は、自分により当てはまると思う方に"○"をつけてください。

	◀◀◀◀◀◀◀◀◀◀◀◀◀			▶▶▶▶▶▶▶▶▶▶▶▶
設問6	自分の意見に隙がないよう考え抜く			つねに自分の情緒の揺れ動きを気にしている
設問7	まずは距離を置いて懐疑的にものごとを見る			良心的で忍耐強い
設問8	抽象的な論理によって判断する			内心での好き嫌いが激しい
設問9	考えを批判されると執拗に反論したくなる			本音を隠して守ろうとする
設問10	人によく皮肉を言う			人の言動によく傷ついている
		G→	←H	

	◀◀◀◀◀◀◀◀◀◀◀◀◀			▶▶▶▶▶▶▶▶▶▶▶▶
設問11	経験のない悩みの相談には答えにくい			経験のない悩みの相談でも核心部分がわかる
設問12	夢は現実に近い展開をすることが多い			夢は劇的な展開をすることが多い
設問13	記憶が事実とくいちがうことが多い			思い込みでわかった気になっていることが多い
設問14	小説中の複雑な血縁関係の理解には家系図がほしくなる			小説中の複雑な血縁関係を理解するのに苦労はない
設問15	ドラマは目の前の場面を追って見ている			ドラマはすぐに先の筋がわかる
		I→	←J	

少し日焼けした肌に、白い歯がキラリと光る爽やかな笑顔が印象的な河西さんがつくるのは、クルマ、オートバイ、自転車の専門誌。出版社の代表、芸能事務所サンミュージックに所属する文化人と、さまざまな肩書を持つ河西さんですが、今の成功にたどり着くまでには、人知れない苦労と幾多の挫折がありました。二度の採用不合格、雑誌の休刊、会社の設立……「続けることこそ難しい」と語る河西さんの人生は、私たちに諦めないことの大切さを教えてくれます。

—昔から編集者を目指していたんですか？

最初は自分が編集者になるとは、想像もしてませんでした。子どものころは、**野球少年で、本気でプロになれると思ってました**し。それで高校は早稲田実業を受験しました。入学したものの、そのころの早実はメチャクチャ強くて、同学年もとてつもなくうまいやつらだらけ。ここにいたら、レギュラーにもなれず、坊主頭で女性にもモテず、3年間が終わってしまう。それだけは避けたくて、入学早々に、野球の道は諦めることに（笑）。今度は音楽でプロになりたいと思って一生懸命にやってましたね。あとはバイクにハマってました。高一のときに免許をとって、海まで行っては、よくナンパして（笑）。バンドとバイクっていう**今の自分の大部分を構成しているものが、高校のときからほとんど変わっていないんですよ**。

—そこから、編集のお仕事に就いたきっかけを教えてください。

実は、大学を卒業して入った最初の会社は、編集者とは全く関係ない、就職情報系の広告会社でした。採用担当の方の**「今、会社のライブのためのバンドメンバーが足りないので、楽器ができる人は優遇します」「ボーナスは年間12カ月分です」**という言葉に惹かれて（笑）。でも、4年ほど働くと、景気にかげりが見えてきた。それで、次の就職先を考えているときに、頭に浮かんだのが編集者という仕事でした。知り合いからイタリアのアウトビアンキという車を譲ってもらったことがきっかけで、すっかり車にハマってしまって、車雑誌をよく読んでいたんです。なかでも一番好きだったのが「ＮＡＶＩ」でした。「ＮＡＶＩ」は車とファッション、ライフスタイルを融合させた革新的なつくりで、車雑誌なのにルイヴィトンやアルマーニの広告が入る異色の存在でした。自分もここで働いてみたいと思っていたとき、偶然、「編集者募集」の文字を見つけて、受けてみることにしたんです。でも、筆記試験がすごく難しくて。問題が二問しかないんですよ。一問目は海外の英語の記事の和訳で、二問目が日本語の記事の全文英訳。まあ、まるでできないですよね（笑）。案の定あっさりと不合格でしたが、これが「ＮＡＶＩ」を受けた最初の採用試験でした。

――最初は不合格だったんですね。その後どうやって入社されたのでしょうか？

そのあと運良く、別の編集プロダクションに採用されることになって、編集者としてのスタートを切ることができました。そこで働きながらも、変わらず「ＮＡＶＩ」への憧れを捨てることができなくて。そのあとまた偶然に、「ＮＡＶＩ」が新しくライフスタイル誌を創刊するというお知らせを見つけたんです。創刊ですから、これは絶対に人が必要になるとにらんで、当時の編集長に宛てた手紙を出しました。後日、お会いできることになったんですが、そのときの僕は、まだ編集者としてのキャリアが1年しかなかったので、結局採用はしてもらえませんでした。これが2回目。でも、やっぱり諦められなくて（笑）。そのときにもらった名刺をたよりに、編集部に遊びに行くようになりました。結構しつこいですよね（笑）。もちろん、ただ遊びに行くんじゃなくて、毎回企画書も持っていくんですよ。そうして通い続けるうちに、小さいコーナーを持たせてもらえるようになりました。それで、次の欠員の募集が出た際に、あらためて「NAVI」に応募したんです。**三度目の正直**ですね。念願の「NAVI」の編集部に入ることができたのが1995年。僕が28歳のときです。もし、学生のみなさんが出版社を目指すなら、まずは業界に潜り込んだ方がいいと思うんです。「大手じゃなきゃイヤ」なんて言わないで、僕みたいに編集プロダクションでもいいから、**とにかく入れるところに入った方がいい。まずは業界を知る。経験を積めば次のステージがあります。**

——念願の「NAVI」編集部での仕事はどうでしたか？

編集部での仕事は、すごく楽しかったですね。でも、不思議なもので、何度も挑戦してやっと手に入れた仕事なのに、4、5年働くと、なんだか壁に当たったように、つまらない気持ちになりました。そのとき、編集長から見透かされたように、「何か自分のやりたい企画を出してみろ」って言われたんです。それで生まれたのがオートバイ雑誌「MOTO NAVI」です。本当に自分の好きなように、一冊つくらせてもらいました。編集者としての転機でしたね。ありがたいことに人気も出たので、1回きりの予定から季刊誌になり、隔月の雑誌として最終的には発行できることになりました。のちに別雑誌『BICYCLE

NAVI』という雑誌の編集長も引き継ぎ、二輪は僕、という感じで社内でも独立した部署のようになりました。

―そこから、ご自身で会社を立ち上げて独立なさった経緯を教えてください。

出版不況でだんだんと本が売れなくなっていく中、リーマンショックで自動車業界は大打撃を受けました。それに付随して、僕たちの雑誌にも自動車メーカーからの広告が激減したんです。**忘れもしない2009年のクリスマス直前。突然、社員全員が集められて「NAVI」「MOTO NAVI」「BICYCLE NAVI」を休刊にすると発表があったんです**。自動車の雑誌としては大きな存在だったので、世間では随分騒がれたと思います。なかには「MOTO NAVI」ごと受け入れたいと言ってくださる出版社もありました。そのときに、同僚から、「MOTO NAVI」を愛読してくださっていた、とある会社の経営者を紹介してもらう機会があって。自分たちで続けていくには、大体5000万円あればやれることは分かっていたので、お会いした際に援助のご相談をさせていただきました。そしたら、**その場で「5000万円で続けられるなら5000万円出しますよ」って**。ありがたいお話です。それからは、怒涛の毎日でした。雑誌の休刊はすでに告知されていたのですが、最終号で「やっぱり続きますよ」っていう宣言をしないとダメだと思っていて。それには1カ月あまりしか時間がなかったんです。元の会社から権利を譲り受けて、流通を手配して、会社も立ち上げて、編集部のためのオフィスも手配して……。ただ、どんなに忙しくても「出版社」をつくりたかった。自分たちで雑誌を企画して、つくって、問屋に入れて、全国の本屋に並べられる。やっぱり、前の会社で自分たちの意思とは関わらず休刊になってしまったのは、残念だったので。もう、そういうことが起きないように、やるのも、やめるのも、自分たちで決められる出版社にしたかったんです。

——1カ月で全部するって大変ですね……。

今思うと、会社をつくるのは本当に大変だったけど、そのあと続けていくのはもっと大変でした。雑誌が昔のように売れる時代ではないですから。本のつくり方も変わりますよね。昔は自分たちがマスメディアという意識で、不特定多数の人に向けて発信している意識でつくっていたんですけど、今、クルマやバイクの専門誌は、1、2万部の世界です。バンドにたとえると、武道館くらい。東京ドームはいっぱいにならない。でも、武道館だったら、お客さんの顔が見えるんです。一人一人が見えるくらいの人数。つまりはマスメディアじゃなくて、読者に直接語りかけるイメージだなって。だから一人一人の読者とコミュニケーションをしたい。数十人単位のイベントをして一緒に飲んだり、編集部に来てもらったり。「ああ、雑誌って、場所をつくることなんだな」って思います。読者からも「こんなに読者と近い雑誌ってないですよね」って言われますね。それが僕らのやり方かな。

——最近サンミュージックさんに所属されたのにも意味があるんですか？

（笑）。所属しただけで、まだ大して仕事はしていないんですけど、自分自身も売っていく必要があると思っています。うちの会社くらいだと、私自身の価値が、出版社のブランドにもなります。うちでは取れない仕事をしてメディアに露出する。それは僕の新しいチャレンジですね。チャレンジといえば、もう一つ。**クラウドファンディングで本を出版しました**。出版社が読者からお金を集めて本を出すって、考え方によっちゃ結構図々しいことですよね（笑）。でも良かったと思います。出資者の方々の温かいコメントを読むと、協力したいって気持ちが伝わってくるんです。**自分が読みたいものにお金を払うっていう出版の原点を見た気がしました**。

――今日のお話は学生にとって、本当に励みになるお話だと思います。

僕にとっては「ＮＡＶＩ」っていう雑誌が自分の原点で、好きだから、これをなくしたくなくて、受け継いでいる。会社を立ち上げたときは、それはもう自分の中で逃れようのない運命だと思いました。でも、この歳になって、一つのことをずっと続けるっていうことの大事さを感じます。どんなことでも、**続けているると、一つの価値になる。続けられる仕事が、自分に合っている仕事でもありますから**。

桜川和樹

「情報」は、実はなくても困らない。
だからこそ、編集者は
濃密な時間を届けないといけない。

『NAVERまとめ』と『LINE NEWS』のなかの人

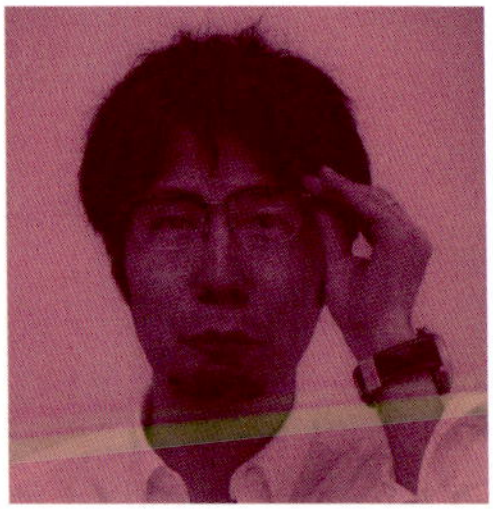

LINE株式会社
メディア事業部　副事業部長
NAVERまとめ編集長　桜川《さくらがわ》 和樹《かずき》

1979年生まれ。大学卒業後、2005年リクルートに入社。M1世代向けのケータイポータル、「R25式モバイル」の編集デスクとしてニュースやメルマガ、特集企画などの編集コンテンツを統括。「R25式モバイル」閉鎖後の2009年、NAVER JAPAN（現LINE）入社。キュレーションメディア「NAVERまとめ」の企画・設計に携わり、現在は「NAVERまとめ」「LINE NEWS」など、メディア事業のマネタイズを担当している。

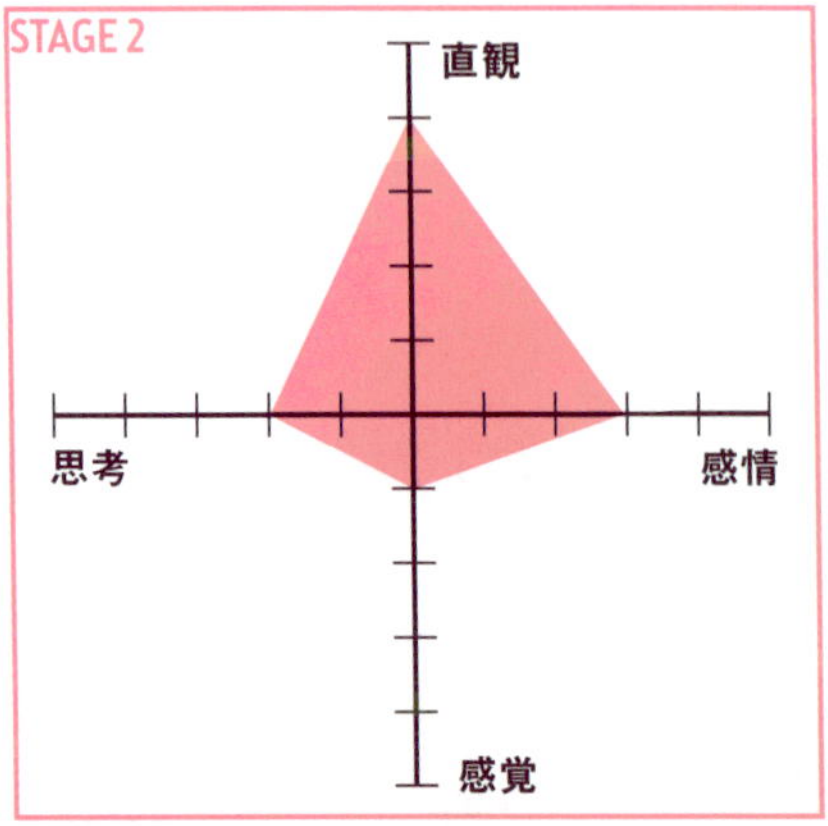

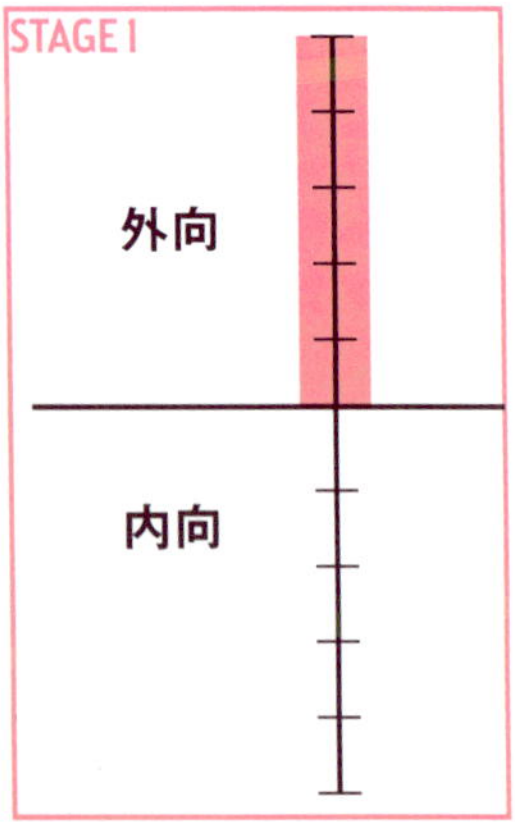

外向的直観（感情）タイプ

（　）内は補助的に働く2番目に優勢な機能、補助機能

ユング心理類型判定スケール（Jungian Scale for Typology, JUSTY）

氏名　桜川 和樹

自分により当てはまると思う方に"○"をつけてください。

	◀◀◀◀◀◀◀◀◀◀◀◀			▶▶▶▶▶▶▶▶▶▶▶▶
設問1	現実の成り行きを考えていることが多い	○		気がつくとよく空想している
設問2	実用書やノンフィクションを好む	○		スピリチュアルな本やファンタジー小説を好む
設問3	人に会うとまず服装や顔色に注意が向く	○		人に会うとまず人柄や気分に注意が向く
設問4	夢は現実の断片からできていると思う	○		夢は現実を超えたものだと感じる
設問5	大勢で協力して取り組む作業を好む	○		ひとりでじっくり取り組む作業を好む
	A→	○		←B

Aが多い場合は、自分により当てはまると思う方に"○"をつけてください。

	◀◀◀◀◀◀◀◀◀◀◀◀			▶▶▶▶▶▶▶▶▶▶▶▶
設問6	客観的な裏づけにもとづいて行動する	○		流行への関心が強い
設問7	現実的な利益や成果を重視する		○	愛情や友情を優先する
設問8	自分の基準が周囲の基準だと思っている		○	周囲の基準が自分の基準だと思っている
設問9	積極的な組織運営にたけている		○	調和的な人間関係を大切にする
設問10	見聞が広がるのがうれしい	○		交友関係が広がるのがうれしい
	C→		○	←D

	◀◀◀◀◀◀◀◀◀◀◀◀			▶▶▶▶▶▶▶▶▶▶▶▶
設問11	感動できる音楽や絵画を探し求める		○	音楽や絵画からインスピレーションをもらう
設問12	面倒なことは後回しにする		○	変化の乏しい状況にはすぐ退屈する
設問13	人を楽しませるのがうまい	○		人から信奉されることがある
設問14	気候や天候で体調を左右されやすい		○	諸々の状況の今後の成り行きがピンとくる
設問15	観察力があると思う		○	ツキや運があると思う
	E→		○	←F

Bが多い場合は、自分により当てはまると思う方に"○"をつけてください。

	◀◀◀◀◀◀◀◀◀◀◀◀			▶▶▶▶▶▶▶▶▶▶▶▶
設問6	自分の意見に隙がないよう考え抜く			つねに自分の情緒の揺れ動きを気にしている
設問7	まずは距離を置いて懐疑的にものごとを見る			良心的で忍耐強い
設問8	抽象的な論理によって判断する			内心での好き嫌いが激しい
設問9	考えを批判されると執拗に反論したくなる			本音を隠して守ろうとする
設問10	人によく皮肉を言う			人の言動によく傷ついている
	G→			←H

	◀◀◀◀◀◀◀◀◀◀◀◀			▶▶▶▶▶▶▶▶▶▶▶▶
設問11	経験のない悩みの相談には答えにくい			経験のない悩みの相談でも核心部分がわかる
設問12	夢は現実に近い展開をすることが多い			夢は劇的な展開をすることが多い
設問13	記憶が事実とくいちがうことが多い			思い込みでわかった気になっていることが多い
設問14	小説中の複雑な血縁関係の理解には家系図がほしくなる			小説中の複雑な血縁関係を理解するのに苦労はない
設問15	ドラマは目の前の場面を追って見ている			ドラマはすぐに先の筋がわかる
	I→			←J

取材したのは、株式会社LINEがちょうど日米同時上場で話題になった数日後のことでした。活気づく雰囲気の中、登場した桜川さんは、どちらかというと脱力系。とっても腰が低くて、白いシャツにやわらかな笑顔が印象的な、なんとも爽やかな方でした。キュレーションメディアの先駆け『NAVERまとめ』。読者のみなさんにおいては、知らない人を探す方が難しいと思います。そんな巨大メディアを編集しているのが桜川さんです。日本最大級のメディアを運営するからこそ見えてくること、メディアにかける想い、覚悟をお聞きしました。

──「NAVERまとめ」の編集者はどんなお仕事をされているんでしょうか？

「NAVERまとめ」は基本的にユーザーがつくったもので成り立っているのですが、僕らは、収益モデルでもある企業タイアップの記事をつくっています。僕は「NAVERまとめ」と「LINE NEWS」を担当していますが、数千万単位でユーザーがいるということは、編集者としてちょっと特殊で、ラッキーなところもありますね。編集者って、**世の中の動向を見極めながら、常に半歩先の提案をすることがミッションにあると思うんです**。そういう意味で、メディアを使ってくださる人が数千万人もいて、その人たちの動向を間近で見ることや、コンテンツが拡散されやすい環境にあるのは、アドバンテージだと思っています。むしろ、これだけの規模のメディアを持っておいて、世の中の動向が分からないとなるとかっこ悪いですよね(笑)。規模が大きいからこそ襟元正す。ではないですけど、自分たちの環境にかまけることなく、何が今、心を動かすことができるのか、いつでも提案できるプライドは持っておきたいですね。

――逆に難しいと思うことはありますか？

大きいメディア特有の苦しみでもありますが、僕らはより多くのユーザーに理解してもらうための文脈をつくらないといけないないんです。たとえば、ファッション誌なら、そのファッションに興味のある人が読むので、ある程度テーマを絞って話すことができます。でも「NAVERまとめ」に集まってくるユーザーの目的はバラバラ。そんな不特定多数の目的を持って立ち寄ってきた人たちに、一瞬で「なんか面白そう」と感じてもらうことが大切です。そこは、専門メディアとは違う難しさがあるかもしれません。実際の仕事で言えば、「おいしい水」を紹介するときに、飲んだ本人の感想でも、取材をして書かれた文章ではなく、第三者視点で情報を集めてきて「こういうことがあったらしいですよ」ということを載せる。いわゆる口コミでものを買いたくなることってありますよね。そういった、文脈を支えるための情報を探してくる作業は、取材して情報を集めてくる作業とは違った難しさがあります。いかに「あ、面白そう」って思わせる接合点をつくるか。常に新しいことを考えさせてもらえるというのは、ありがたいことだと思っています。そう思うと、大きいメディアを運営する**プレッシャーより楽しい方が勝っちゃうのかなと思います**。

――桜川さんは、もともと編集者になりたかったのでしょうか？

そうですね。僕は九州芸術工科大学（現 九州大学）という全国にも数校しかない「芸術工学部」という変わった学部に通っていました。視覚の情報にまつわることを学ぶ学科だったんですが、そこは彫刻やデッサンから、写真や動画、美術史や視覚心理学や生体的な目の仕組みまで勉強するんです。**で、僕はどちらかというと落ちこぼれで（笑）**。才能あふれる友だちを目の当たりにして、自分の進むべき道を模索していました。たどり着いた結論が「ことば」だと思ったんです。ものづくりもつくり手と受け手がいるわけで、コミュニケーションの本質は変わらないと。それで「ことば」を扱う仕事を探したんですが、そのころは就職氷河期真っ只中で……どこにも内定しないまま卒業することに（笑）。じゃあ、どうせなら東京に出ようと。そう決めてからは、毎日バイトをして、**食事はパスタだけ、1日500円で生活をしました。1年間で100万円を貯めたんですよ**。あんなにストイックになって、当時はちょっと、おかしくなってたんでしょうね（笑）。でも、いざ東京へ出てきたものの、思うように仕事は見つからず、いよいよ貯金が尽きる……寸前で「R25式モバイル」の立ち上げに拾ってもらえたんです。

――「R25式モバイル」では、立ち上げから、閉鎖まで経験されたと伺いました。

「R25式モバイル」では、情報をモバイル環境で心地よく見せるという、今の仕事につながる原点を経験しました。しかしながら収益を上げることができず、結果的にサービスを終了することになりました。まだウェブに広告を出す企業がない時代で、かなりのユーザー数を誇っていても、収益を上げるのは難しかったんです。言ってしまえば、世に出るのが早過ぎたんだと思います。半歩より先にいくと、世の中のニーズではないんですね。同じチームで一緒に頑張ってきた人たちの雇用が、どんどんなくなっていくところを見て、悔しくて、全員の前で泣いてしまったこともありました。お金を稼ぐというのがどれほど大変か、メディアは稼げないとダメだと、痛切に感じた経験です。**もう二度とこんな思いはしたくない**。

――ウェブメディアでは収益を上げるのは難しいと聞くのですが。

やっぱり**情報にお金を払ってくれない時代**ですよね。お金の稼ぎ方はやっぱり、これからのウェブ編集者にとって、一つのテーマだと思っています。今の閲覧数至上主義のビジネスモデルでは、どのメディアも芸能ニュースのような、閲覧数が伸びやすいものを記事にしがちです。それでは情報が薄くなってしまうし、他のニュースに触れる機会が減ってしまう。結局みんなが同じことやって、同じように稼いでいるんですよね。マスゴミ論ってあるじゃないですか。テレビは誰もが知るべきニュースを放送するから、同じような内容になる。でもインターネットは、そこからあふれてしまったニュースとか、もっとニッチな情報に触れ合える場所であるべきで、**多様性と可能性を押し広げるのがインターネットの醍醐味だった**はずなのに、今では、マスコミと同じようなメディアに変わってしまったわけです。それをひっくり返して、情報コンテンツにお金を払うっていう文化を、納得感を持ってどうつくれるか。その最前線にいる僕たちが考えていかないと、メディアがつまんなくなっちゃいますよね。コンテンツをつくる人にお金が落ちていく仕組みは、そろそろ本気で考えなければなりません。みんなが疲弊して、才能が潰れてしまうのは、我々としても憂慮しているところです。

―これから、ウェブメディアってどうなっていくんでしょうか？

最近は、情報の届け方をより強く意識するようになりました。編集者は、コンテンツをつくる話には長けているんですよね。**ただ情報の届け方をデザインできる人ってそんなに多くないのかなと思っていて**。フリーマガジンの「R25」が成功した大きな要因は、駅の看板からアクリルパネルを外して棚をつくったことにあると思うんです。首都圏の主にサラリーマンの動線を確保することができた。そこに良質なコンテンツが載ることで、みんなが手に取りたくなる仕組みがつくられました。だからコンテンツはつくるだけではなくて、一緒に流通のこともしっかりと考えなければなりません。せっかく良いものをつくっても、誰にも届かなかったら、ないに等しいですよね。

―学生に向けてのアドバイスをお願いします！

「編集」というと、紙の本やマンガ、もしくはテレビや映画の編集作業を思い浮かべる人が多いと思いますが、これから編集という概念がどんどん拡張していくのは間違いないでしょう。どのメディアでも、編集者の土台の部分は変わらないと思います。**世の中をワクワクさせたり、世界はこんなに広くて、面白いことってことを伝えたりすることが好きな人です**。紙とウェブ、どっちが上ということはありません。あらゆる局面で、情報の出し手と受け手の中間にいるのが編集者なので、既存の概念にとらわれていては、いい仕事はできません。

メンバーとよく話すのは、**僕らよりお米をつくってる人の方がえらい**んだということ。だって生命活動に関わる仕事なわけですから。「情報」というのは、実はなくても困らないことも多いですよね。世の中のほとんどの人は半径30㎝のことで頭がいっぱいなんです。その時間に割り込むようにして「情報サービス」を届けているのだから、目の前のことよりも、濃密な時間を届けられないと、お金をもらってる意味がないと思うんです。編集者は、情報という曖昧なものと人のあいだに立って、伝える醍醐味とか、責任感やリスクも含めて、これで飯を食ってることをちゃんと意識するべきです。やっぱりお米をつくってくれている人に恥じない仕事をしたいじゃないですか。編集者を目指すみなさんにも、そんな覚悟を持ってほしいと思います。

熊 剛

入社時は、Gファンタジーも
女性向けマンガも興味なかった。
なにごとも楽しめて、チャレンジできる人が、
編集者に向いている。

恋愛が中心の少女マンガとは違う、「女性向け少年マンガ」を確立した人

株式会社スクウェア・エニックス
出版ビジネス・ディビジョン　マネージャー
Gファンタジー編集部　副編集長　熊《くま》剛《たけし》

1977年生まれ。九州大学卒業後、2001年にエニックス（現 スクウェア・エニックス）入社。月刊Gファンタジー編集部に配属。『黒執事』『妖飼兄さん』『デュラララ!!』『魔法科高校の劣等生』などを担当。『黒執事』ではアニメ化、映画化、舞台化などメディアミックスを積極的に展開する。

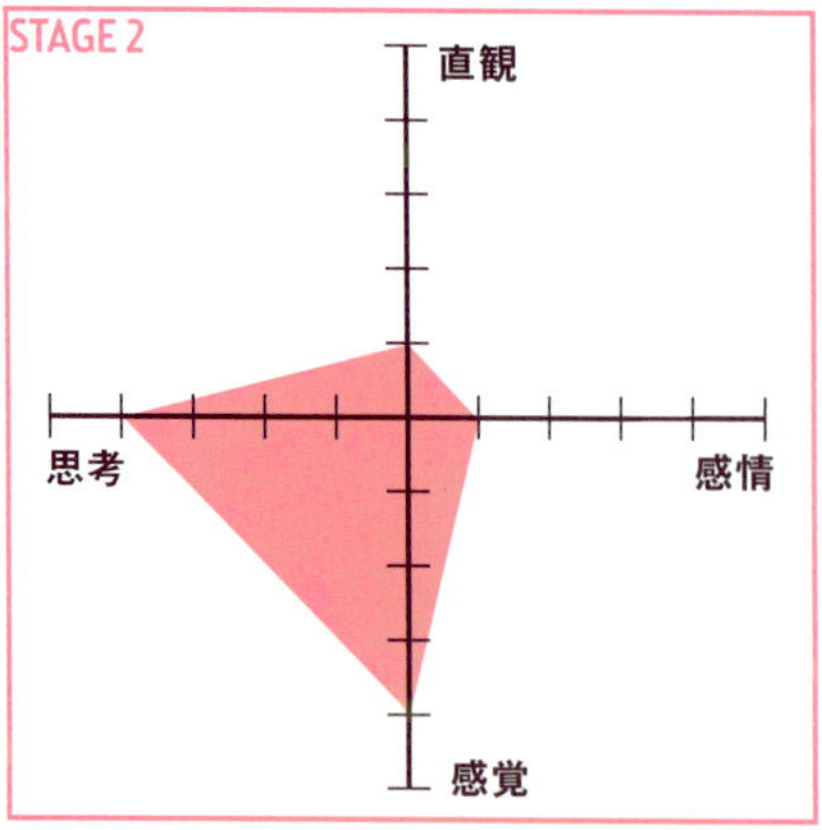

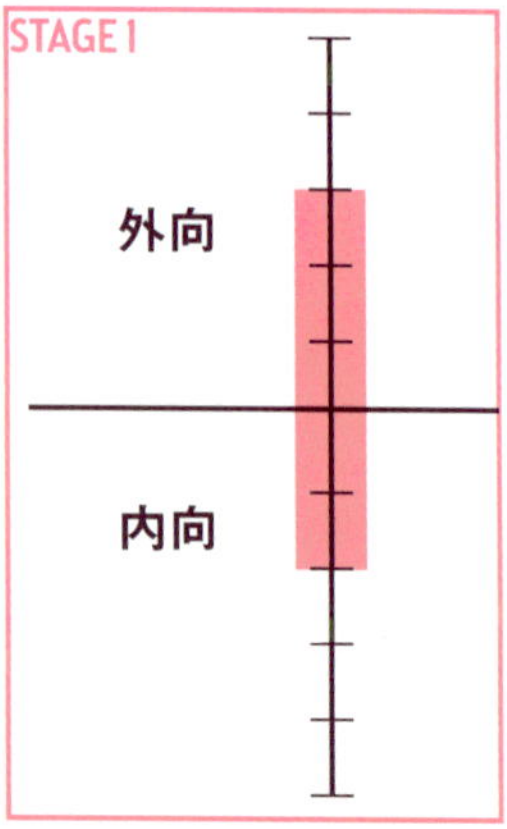

外向的思考感覚バランスタイプ

ユング心理類型判定スケール（Jungian Scale for Typology, JUSTY）

氏名　熊　剛

自分により当てはまると思う方に"○"をつけてください。

	◀◀◀◀◀◀◀◀◀◀◀◀			▶▶▶▶▶▶▶▶▶▶▶▶
設問1	現実の成り行きを考えていることが多い	○		気がつくとよく空想している
設問2	実用書やノンフィクションを好む		○	スピリチュアルな本やファンタジー小説を好む
設問3	人に会うとまず服装や顔色に注意が向く	○		人に会うとまず人柄や気分に注意が向く
設問4	夢は現実の断片からできていると思う	○		夢は現実を超えたものだと感じる
設問5	大勢で協力して取り組む作業を好む		○	ひとりでじっくり取り組む作業を好む
	A→			←B

Aが多い場合は、自分により当てはまると思う方に"○"をつけてください。

	◀◀◀◀◀◀◀◀◀◀◀◀			▶▶▶▶▶▶▶▶▶▶▶▶
設問6	客観的な裏づけにもとづいて行動する	○		流行への関心が強い
設問7	現実的な利益や成果を重視する	○		愛情や友情を優先する
設問8	自分の基準が周囲の基準だと思っている		○	周囲の基準が自分の基準だと思っている
設問9	積極的な組織運営にたけている	○		調和的な人間関係を大切にする
設問10	見聞が広がるのがうれしい	○		交友関係が広がるのがうれしい
	C→			←D

	◀◀◀◀◀◀◀◀◀◀◀◀			▶▶▶▶▶▶▶▶▶▶▶▶
設問11	感動できる音楽や絵画を探し求める		○	音楽や絵画からインスピレーションをもらう
設問12	面倒なことは後回しにする	○		変化の乏しい状況にはすぐ退屈する
設問13	人を楽しませるのがうまい	○		人から信奉されることがある
設問14	気候や天候で体調を左右されやすい	○		諸々の状況の今後の成り行きがピンとくる
設問15	観察力があると思う	○		ツキや運があると思う
	E→			←F

Bが多い場合は、自分により当てはまると思う方に"○"をつけてください。

	◀◀◀◀◀◀◀◀◀◀◀◀			▶▶▶▶▶▶▶▶▶▶▶▶
設問6	自分の意見に隙がないよう考え抜く			つねに自分の情緒の揺れ動きを気にしている
設問7	まずは距離を置いて懐疑的にものごとを見る			良心的で忍耐強い
設問8	抽象的な論理によって判断する			内心での好き嫌いが激しい
設問9	考えを批判されると執拗に反論したくなる			本音を隠して守ろうとする
設問10	人によく皮肉を言う			人の言動によく傷ついている
	G→			←H

	◀◀◀◀◀◀◀◀◀◀◀◀			▶▶▶▶▶▶▶▶▶▶▶▶
設問11	経験のない悩みの相談には答えにくい			経験のない悩みの相談でも核心部分がわかる
設問12	夢は現実に近い展開をすることが多い			夢は劇的な展開をすることが多い
設問13	記憶が事実とくいちがうことが多い			思い込みでわかった気になっていることが多い
設問14	小説中の複雑な血縁関係の理解には家系図がほしくなる			小説中の複雑な血縁関係を理解するのに苦労はない
設問15	ドラマは目の前の場面を追って見ている			ドラマはすぐに先の筋がわかる
	I→			←J

熊さんは、「熊剛」という屈強でかっこいい名前から受ける印象とは裏腹に、繊細な描写で女性から圧倒的な支持を集める『黒執事』を担当しています。「戦うファンタジーは男性マンガ」という価値観を覆し、女性にも好まれる「女性向け少年マンガ」という分野を確立した編集者です。『黒執事』で、夢だったシリーズ売り上げ１０００万部超え、アニメ化、実写化がすべてかなったと語る熊さんに、その成功の秘訣をお聞きしました。

—小さいころの夢ってありましたか？

それが何もなかったんですよね。両親の言うことをよく聞く、素直な子どもでした。この塾に入って、何点くらい取ればこの高校に行けるから頑張りなさいとか。レールの上を順調に歩んでいたんです。初めてズレが生まれたのは、大学受験のときですね。両親には医学部に入ってほしいと言われていたのですが、センター試験に失敗してしまったんです。でも僕は、一か八かのチャレンジが怖いタイプで、確実に現役で合格できるような、安全圏の大学を受けたかった。なんとか入れそうな医学部はあったんですけど、急にビビっちゃって（笑）。もう勉強をしたくなかったんです。親は浪人も許してくれましたが、僕の心はもう、ボロボロ。結局普通の大学に進学しました。でも、今まで目標にしていた医学部っていうものが急に目の前からなくなって、目標もやりたいこともなくなっちゃったんですよね。

—それで大学では何をしていたんですか？

大学生活はその延長で、外に出るのも好きじゃないし、インドアで楽しめる小説、マンガ、テレビ……。といった趣味に没頭していきました。就職活動の時期になっても、自分は何がしたいのか、分からないままでした。将来を見据えて頑張っている友人を横目に、**現実逃避のように、マンガを描いて投稿し始めるという無謀な行為に走ったんです（笑）**。今思うと頭おかしいですよ。絵もそんなにうまくないのに、就活がスタートする3年生から投稿を始めました。ただ、奇跡的に連載がとれてしまったんですよね。きっと、新人作家のお試し枠で、編集者からしてみれば「活きのいい若いやつだから、とりあえず短期の連載で試してみよう」くらいのことだったと思います。でも、僕は「マンガで食っていくんだ」と気をよくしてしまうわけです。もちろん親には大反対されましたが、ひとまず留年をして、1年間限定でマンガだけを描く生活で自分を試すことにしたんです。案の定、その連載はすぐに打ち切りになりましたけど（笑）。そのとき、センター試験の悪夢が僕の中に蘇ってきて、「マンガを投稿するのは怖い」って思うように（笑）。ようやく僕の就職活動が始まりました。自分のやってきたことで、エヘンと胸を張って門を叩けるところはどこだろう。そう考えたときに、マンガの編集者なら「自分、マンガ描いてました。どうですか？」ってドヤ顔で言える気がしたんですよね。それで、総合職ではなく「マンガ編集者」で募集していたエニックス（現 スクウェア・エニックス）を選びました。

―入社してからはいかがでしたか？

激動の時代でしたね。入社してすぐに、**編集長クラスのベテランの人たちが一斉に独立してしまう大事件が起きたんです**。当時の人気作品ごとなくなるわけですから、当然売り上げは急激に落ちました。それはもう斜陽なんてレベルではなく、急降下です。経験や年齢も関係なく、若手までフル動員で、必死になって雑誌をつくりました。たとえば、ゲームのコミカライズに力を入れました。当時はめずらしかったんですが、20人くらいの作家さんにゲームの短編を描いてもらって、書籍化するもので、通常の連載に比べて、出来上がるまでの期間も短いですし、すでに話題になっているゲームは、マンガの売り上げ予想もつけやすかったんです。「この作品が何部売れたら、今期はつぶれずに済む」。そんな思いでした。いつ廃刊になってもおかしくない状況で、よく続けさせてくれたと思います。

―危機を脱したのは、なにかきっかけがあったんですか？

危機的な状況から抜け出せたのは、「Gファンタジー」に残った先輩たちと作家さんが、ヒット作品をつくってくれたからです。あとは、違う部署で発行している「少年ガンガン」で連載していた『鋼の錬金術師』が大ヒットしたことも、「Gファンタジー」が持ち直せた一つの要因だったと思います。あの作品は壮大な世界観のファンタジーで、もともと『ドラゴンクエスト』や『ファイナルファンタジー』などのゲームもつくっているスクウェア・エニックスのイメージとぴったり重なったんです。世の中に、スクウェア・エニックスはマンガもすごいと知ってもらうきっかけになりました。それからは、暗闇で先も見えず、ひたすらもがいていた状況から、少しずつ光が差してきたように思います。当時はすごく忙しかったですけど、全然嫌じゃなかったですね。やめたいとは全く思いませんでした。

―そんな中で大ヒット作品『黒執事』も生まれたのですね。

『黒執事』は投稿から始まりました。著者の枢やなさんは、スクウェア・エニックスのゲームで育ち、投稿時『鋼の錬金術師』に熱狂していた世代。**その世代の特徴は、大手出版社の次の選択肢としてうちに持ち込むんじゃなくて、うちで書きたいと言って来る**ことでした。僕は新人の作品を見るときは、自分の好きなことを恥ずかしがらずに出しているか、をチェックしています。それこそ親とか友だちに見られたときにも「お前、こんな性癖があるの」って言われるような（笑）。かつ、下手でもいいから他作品の真似をしていない、ということを大事にしていて。枢さんはそれが全部当てはまっていたと思います。

とはいえ、枢やなさんも最初から人気だったわけではなかったんです。初連載のアンケートも、評判が良いものではありませんでしたし。当時の「Gファンタジー」読者の6〜7割が、男性だったということもあって、枢さんの描く、女性好みの繊細で綿密な絵は受け入れられるまで時間が必要でした。でも、コアな女性のマンガ好きが一定数いることも分かっていたし、枢さんの才能を、中途半端な施策で、潰してしまうのは良くない。やるなら思いっきり振り切ろうと思ったんです。じわじわとファンが増えてからは、**書店でも女性向けの棚で大きく扱ってくれるようになりました。今では2300万部を超える作品に成長して、女性向け少年マンガという新しいジャンルを確立することができました**。一冊で100万部を超える、シリーズで1000万部を超える、アニメ化、実写化という僕が夢見ていたことを、『黒執事』がすべてかなえてくれました。

—そういえば、『黒執事』の電子版がないのはなぜですか？

実は思い切った戦略があるわけじゃないんです（笑）。前に電子化の動きがあったのですが、普通にやってもつまらないという思いがあって。これは僕の実力不足もあるんですが、いい方法が見つけられてないだけなんです。**マンガって、単行本サイズを両手で開いたときに、最適な読みごこちになるよう、本当に細かい調整をしてあるんです。**吹き出しの文字数とか、コマ配置とか、何ページ目に見開きがドンってくる、みたいな。それを電子の時代だから、全く違う入れ物にギュと押し込もうとするのは違うと思うんです。うちの会社でも他のマンガは電子版を出しているので、それはどうなんだと言われると困るんですけど（笑）。『黒執事』は練りに練ってつくり上げた作品なので、電子版でも、一番良い形で、読者に届けたいと思っています。

—最後に学生へメッセージをお願いします。

そういえば、ここ1、2年は、面接に来て**「御社の雑誌は読んだことがありません！」と堂々と言う学生が増えましたね（笑）**。これは5年以上前だと、読んでなくても、読んだフリをするのが一般的だったんですけど、最近は正直なんです。今ではそういう学生の方がメジャーなくらいです。それだけ今の学生にとって紙の雑誌を読む行為がマイナーになっているということですよね。僕が子どものころは、毎週「週刊少年ジャンプ」の発売日は、一番早く買ったやつが英雄で。休み時間にそいつの机の周りに集まって、みんなで『スラムダンク』を読みながら、1ページごとに「おー！」って歓声をあげて読んでましたよ（笑）。

今の子ってそういう体験をしたことがないんでしょうね。もしかしたらもうありえないのかもしれません。当時は、少ないお小遣いで暇な時間を楽しむ選択肢ってすごく少なかったですけど、今は暇をつぶせるものなんて、ネット上に無限にありますもんね。しかも無料で。逆に言うと、今の時代に合ったエンターテイメントの届け方を、僕らより学生の方が知っているとも言えますよね。これからの時代、**紙、デジタルというこだわりはなくなっていくんじゃないかな**。だから、考え方が柔軟で、フレキシブルに動ける人が強いと思います。会社に入ってすぐに、やりたいことが100％できることなんてありえません。僕も入社したときは「Gファンタジー」という雑誌に興味があったわけでもなかったですし、まして女性向けのマンガをつくるなんて思ってもみませんでしたから。目の前の仕事に興味を持って楽しめて、新しいことにチャレンジできる人が編集者に向いていると思います。

和田誠

イケてる子も、まじめな子も
いじめっ子も、いじめられっ子も
いつでも楽しく読めるのがコロコロです。

『妖怪ウォッチ』を広めた“もんげー！”編集長

株式会社 小学館
「コロコロコミック」編集部 編集長
和田《わだ》 誠《まこと》

1971年生まれ。日本大学芸術学部文芸学科卒業後、1994年小学館に入社。「幼稚園」編集部、「おひさま」編集部、「めばえ」編集部、「小学一年生」編集部を経て2005年「コロコロコミック」編集部へ異動。現在は編集長として「月刊コロコロコミック」、「別冊コロコロコミックSpecial」の他、関連増刊・書籍の編集を担う。

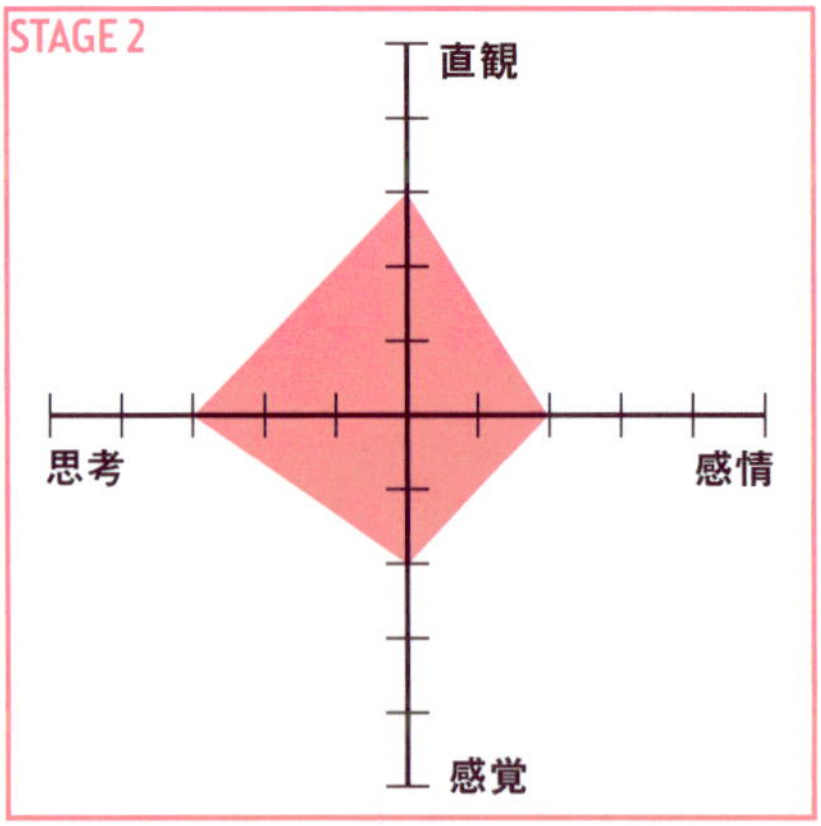

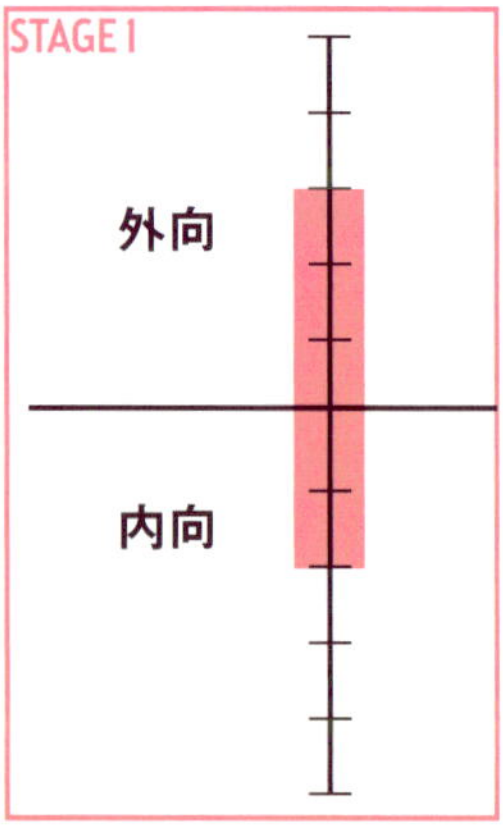

外向的思考直観バランスタイプ

ユング心理類型判定スケール(Jungian Scale for Typology, JUSTY)

氏名 和田 誠

自分により当てはまると思う方に"○"をつけてください。

	◀◀◀◀◀◀◀◀◀◀◀◀			▶▶▶▶▶▶▶▶▶▶▶▶
設問1	現実の成り行きを考えていることが多い	○		気がつくとよく空想している
設問2	実用書やノンフィクションを好む	○		スピリチュアルな本やファンタジー小説を好む
設問3	人に会うとまず服装や顔色に注意が向く		○	人に会うとまず人柄や気分に注意が向く
設問4	夢は現実の断片からできていると思う		○	夢は現実を超えたものだと感じる
設問5	大勢で協力して取り組む作業を好む	○		ひとりでじっくり取り組む作業を好む
	A→	○		←B

Aが多い場合は、自分により当てはまると思う方に"○"をつけてください。

	◀◀◀◀◀◀◀◀◀◀◀◀			▶▶▶▶▶▶▶▶▶▶▶▶
設問6	客観的な裏づけにもとづいて行動する		○	流行への関心が強い
設問7	現実的な利益や成果を重視する		○	愛情や友情を優先する
設問8	自分の基準が周囲の基準だと思っている	○		周囲の基準が自分の基準だと思っている
設問9	積極的な組織運営にたけている	○		調和的な人間関係を大切にする
設問10	見聞が広がるのがうれしい	○		交友関係が広がるのがうれしい
	C→	○		←D

	◀◀◀◀◀◀◀◀◀◀◀◀			▶▶▶▶▶▶▶▶▶▶▶▶
設問11	感動できる音楽や絵画を探し求める	○		音楽や絵画からインスピレーションをもらう
設問12	面倒なことは後回しにする	○		変化の乏しい状況にはすぐ退屈する
設問13	人を楽しませるのがうまい		○	人から信奉されることがある
設問14	気候や天候で体調を左右されやすい		○	諸々の状況の今後の成り行きがピンとくる
設問15	観察力があると思う		○	ツキや運があると思う
	E→		○	←F

Bが多い場合は、自分により当てはまると思う方に"○"をつけてください。

	◀◀◀◀◀◀◀◀◀◀◀◀			▶▶▶▶▶▶▶▶▶▶▶▶
設問6	自分の意見に隙がないよう考え抜く			つねに自分の情緒の揺れ動きを気にしている
設問7	まずは距離を置いて懐疑的にものごとを見る			良心的で忍耐強い
設問8	抽象的な論理によって判断する			内心での好き嫌いが激しい
設問9	考えを批判されると執拗に反論したくなる			本音を隠して守ろうとする
設問10	人によく皮肉を言う			人の言動によく傷ついている
	G→			←H

	◀◀◀◀◀◀◀◀◀◀◀◀			▶▶▶▶▶▶▶▶▶▶▶▶
設問11	経験のない悩みの相談には答えにくい			経験のない悩みの相談でも核心部分がわかる
設問12	夢は現実に近い展開をすることが多い			夢は劇的な展開をすることが多い
設問13	記憶が事実とくいちがうことが多い			思い込みでわかった気になっていることが多い
設問14	小説中の複雑な血縁関係の理解には家系図がほしくなる			小説中の複雑な血縁関係を理解するのに苦労はない
設問15	ドラマは目の前の場面を追って見ている			ドラマはすぐに先の筋がわかる
	I→			←J

80万部の発行部数を誇る月刊誌「コロコロコミック」。ドラえもん、ポケットモンスター、妖怪ウォッチなど、誰もが知っている大ヒット作品を数多く生み出してきました。そんなコロコロを引っ張る敏腕編集長は、取材中、終始優しい笑顔で、質問に答えてくれました。「今、編集者を目指す人は、センスがあるとぜひ伝えてください」という、学生を元気づける言葉も忘れません。大ヒットを生み出し続ける秘策は、思いやりに満ちたその心意気なのかもしれません。

―もともと、編集者になりたかったのですか？

そうですね。就職活動をしていたころは「小学一年生」という学年誌を志望していました。入社後は、幼児誌の編集部に3年間、「小学一年生」の編集部に8年間在籍して、そのあとコロコロコミック編集部に配属されました。すっかり忘れていたんですが、よく考えたら僕、小学館で一番よく読んでいたのは、コロコロだったんです。ドラえもんが大好きで。だから今、こうして編集長になってすごく充実しています。

ただね、この前、一つだけ困ったことがあって。たまに、漫画家さんが面白がって作品の中に編集者を登場させることがあるんですけど、**この前の号で、なんと僕が全裸だったんですよ！** 本当にひどい（笑）！　今、子どもが三人いて、一番上の子が6年生の女の子なんです。家でたまにコロコロをパラパラ読んでるんですけど、これ見られたら、本当にどうしようって……。表現的に明らかにアウトだったら直すんですけど、ギリギリアウトじゃない。ああもうしょうがないな、って。

—大丈夫ですよ、モザイク入ってますから（笑）。編集長になる前は、どんな作品を担当されていたんですか？

『でんぢゃらすじーさん』や『イナズマイレブン』の編集を担当していました。『イナズマイレブン』は、もともとレベルファイブというゲームメーカー原案の作品で、ある日、代表の日野さんに、新作ができたから見てもらえないか、と打診を受けたんです。行ってみたら、必殺技が出てくる昔ながらの熱血サッカー漫画で。正直、「ちょっと時代遅れなんじゃないかな……」って思ってたんです。でも、出してみたら、子どもたちが待っていたと言わんばかりに大喜びして、大ヒット作品になりました。日野さんの先見の目には驚かされましたね。

こんなふうに、**コロコロは、ゲームメーカーや、玩具メーカー、音楽メーカー、広告会社と一緒に作品をつくっています**。編集部も、漫画の担当ではなく、キャラクターごとに担当を分けているんです。ポケモン担当とか、妖怪ウォッチ担当とか。作品によっては週に一度、7〜8社で集まって会議をして方針を決める。場合によっては、編集部のミーティング以上に密な話をすることもあります。「コロコロコミック」っていう看板を信頼してくださるメーカーさんがいるのは、本当にありがたいことですね。

—一番思い出に残っている出来事を教えてください。

失敗談ですが、まだ新人で、付録担当時代に大クレームを受けたことがありました。「小学一年生」の付録で、電子ピアノ付き筆箱をつくって、50万部が一瞬で売り切れるくらい、好評だったんです。でも、なかには電池を逆に入れると回路がショートしてしまう欠陥品が混入していて。煙が出たり、高熱を発する事象が発生しました。50万部なので、たった1％不良品が混ざっていたとしても５０００件。発売初日から編集部の電話が鳴り止みませんでしたね。一度に５０００件の電話がかかってきたら、もう本当に、大変なことになるんです。実はその付録は自信作で、これで社内的にも認められると、鼻高々な気分だったんですが、批判の矢面に立つことになって。「なんでこんなことに……」と正直つらかったですね。

でも、その失敗があったからこそ、読者をあらためて意識できたところもあって。50万部とか、50万人とか、そんな大きな数を言われても見たこともないし、数を実感するのって難しいですよね。良くも悪くも、マンガの影響力や責任の大きさを、自覚できました。

現在のコロコロコミックは、毎月80万部にまで発刊部数が伸びています。日本には約３３０万人の小学校男児がいるので（平成27年現在）、四人に一人くらいの割合でコロコロコミックを買っている計算になります。**無料で楽しめる娯楽が増えている昨今で、わざわざ毎月５００円の雑誌をこれほど多くの人に買ってもらっている**。その事実は大変ありがたいことですよね。

――編集長になって良かったと思うことを教えてください。

よく、読者から編集部に手紙が届くんですけど、だいたい最後に「『でんぢゃらすじーさん』のサインをください」って書いてあるんですよ（笑）。年賀状も来るんですけど、「もっと○○のページ数を増やして」っていう注文だったり……（笑）。それもすごくうれしいんですけど、この前、北九州市に住んでいる子からファンレターが届いたんです。それはいつもの手紙と違って、漫画家でも、編集部でもなく、編集長宛ての手紙だったんです。**いつもココロをつくってくれてありがとう。どの作品のどこが好きって。一つ一つ細かく書いてあるんですよ。**きっとお母さんに教えてもらいながら書いたんでしょうね。そういう手紙を読むと、どんなに忙しくても心が洗われます。

子ども向けに何かをつくるって、大人向けにつくるよりも簡単なんじゃないかって言う人もいるんですけど、やっぱり難しいんです。基本的には大人が頭でっかちでつくっているので、全然響かないときもありますし。でも、昔を思い出すと「1カ月に1回の発刊日を待つワクワク感」とか、覚えていることもありますよね。そういうのを子どもたちに味わってもらいたいんです。そしてマンガから想像力を膨らませて、可能性を広げてほしい。**こちらが真剣にメッセージを投げると、真剣に返してくれる、そんな素朴でピュアな子どもたちを、これからも導いていきたいと思います**。

――今と昔で小学生に違いを感じることはありますか？

違いはあまり感じません。実は、子どもの環境って、今も昔も、そんなに変わっていないんです。親のもとにいて、自由に遊べるスマホも持っていない。そんななかで、学校や習いごとのスキマ時間に楽しめる娯楽って、やっぱりまだ雑誌なんだと思います。子どもたちにとっては、雑誌はまだまだ有効なメディアなんだなって。

それにインターネットだと、自分の好きなものばかり見てしまいますよね。一方で、雑誌は玉石混淆、雑多なものの中から自分らしさを見つけていく。それが雑誌の最大の良さだと思っています。「コロコロコミック」は、下町の公立校のイメージです。エリートコースが用意された私立校ではなく、いろんな友だちがいる地元の公立校。その感覚を子どもの時期に味わうことが大切だと思っています。

クラスでイケてる子も、まじめな子も、いじめっ子も、いじめられている子も、「コロコロコミック」を読めば、いつでも楽しい気持ちになれる。そんな雑誌を目指しています。


――「コロコロコミック」は、今後どうなっていくのでしょうか？


出版社ですから、**今の形態、つまり紙媒体で発刊し続けていくのが一番いいと思います。**でも同時に、世の中が変わっていく時期でもあると感じています。もし今後、学校の教科書がデジタルになったら、「コロコロコミック」の存在意義はどうなるんだろうって、ふと考えるんですよ。

そもそも小学生の男の子は、「コロコロコミック」っていう存在そのものを、「すごく親しみのある、いいものがいっぱい詰まってるもの」っていうふうに捉えていると思うんですよね。それなら**コロコロコミックは、「たまたま雑誌だった」っていう感覚に近いのかもしれません。**それは、すごくいいことだと思っているんです。小学生の男の子たちの娯楽の部分、要するに勉強以外の全部を担うものとしてあり続けられるなら、形態にこだわらなくてもいいのかな、と。紙で読みたい子が半分、違うかたちで読みたい子たちが半分くらいいる状況になったとき、両方をカバーしてあげられる方法をつくるのが現状の目標です。

—出版社の編集者を目指す学生に一言、お願いします。

僕は、時代がめぐりめぐって、出版や雑誌や印刷が何らかの形で脚光を浴びるときが来ると思います。そのとき出版業界にいたら、すごく大きなチャンスをつかめると思うんですよね。そういう意味では、出版業界は狙い目かもしれません。出版不況や、活字離れ、雑誌離れといわれて久しいですが、やっぱり人って気まぐれだし、ふと思い出したりするときがあると思うんです。たとえ今、斜陽産業といわれていても、また日が当たったり、今主流だと思われていても、傾いてしまったり、そういう予想外の展開が必ず起きると思います。だから、**今から出版社を目指す人はすごくセンスがいい**。僕は、そういうポジティブな人たちと仕事がしたいですね。これ、絶対に書いておいてください！

嶋浩一郎

誰もやらない、
役立つかも分からないことをやる。
だって、すべてのイノベーションは
辺境から始まるんですから。

雑誌も、空間も、欲望も、全部編集する人

株式会社 博報堂ケトル 代表取締役社長
クリエーティブディレクター
「ケトル」編集長 嶋《しま》 浩一郎《こういちろう》

1968年生まれ。上智大学卒業後、1993年博報堂に入社。コーポレート・コミュニケーション局で企業のPR活動に携わる。2001年朝日新聞社に出向。2002年から博報堂刊「広告」編集長を務める。2004年『本屋大賞』立ち上げに参画。現在NPO本屋大賞実行委員会理事。2006年博報堂ケトルを設立。カルチャー誌「ケトル」の編集長、エリアニュースサイト「赤坂経済新聞」編集長などメディアコンテンツ制作にも積極的に関わる。2012年東京・下北沢に本屋「B&B」を開業。

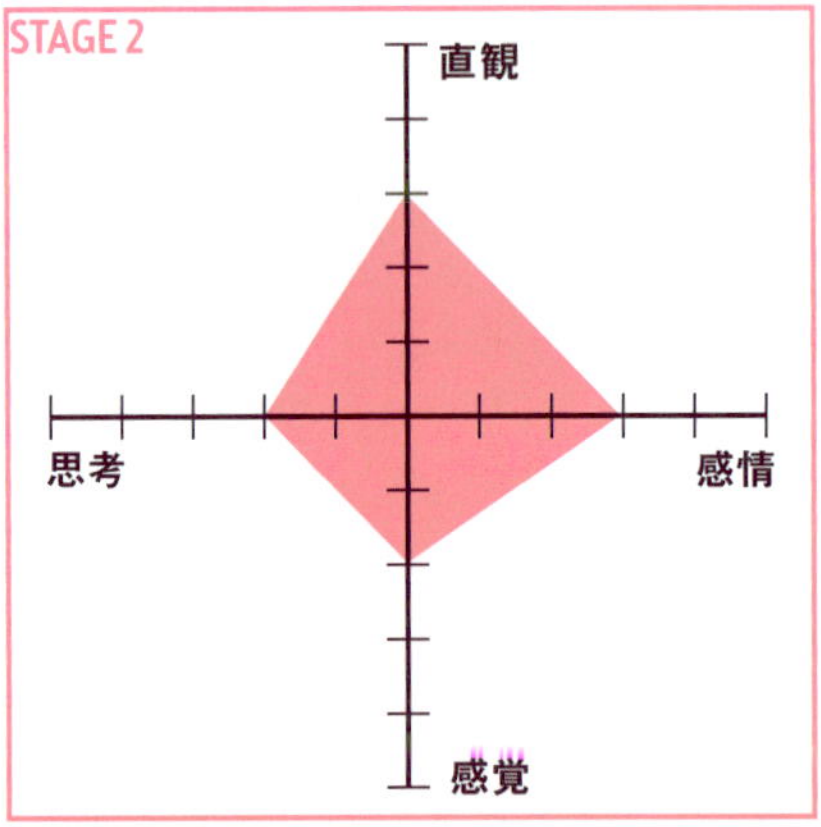

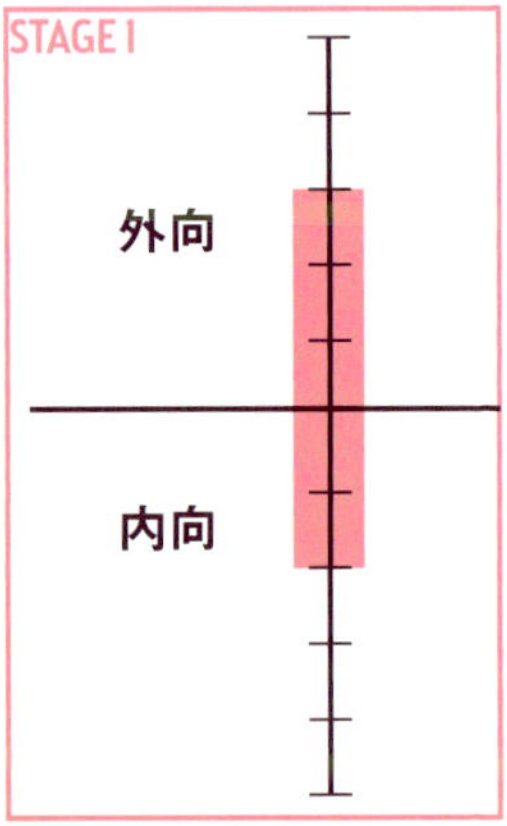

外向的感情直観バランスタイプ

ユング心理類型判定スケール（Jungian Scale for Typology, JUSTY）

氏名　嶋 浩一郎

自分により当てはまると思う方に"○"をつけてください。

	◀◀◀◀◀◀◀◀◀◀◀◀			▶▶▶▶▶▶▶▶▶▶▶▶
設問1	現実の成り行きを考えていることが多い		○	気がつくとよく空想している
設問2	実用書やノンフィクションを好む	○		スピリチュアルな本やファンタジー小説を好む
設問3	人に会うとまず服装や顔色に注意が向く	○		人に会うとまず人柄や気分に注意が向く
設問4	夢は現実の断片からできていると思う	・	○	夢は現実を超えたものだと感じる
設問5	大勢で協力して取り組む作業を好む	○		ひとりでじっくり取り組む作業を好む
	A→			←B

Aが多い場合は、自分により当てはまると思う方に"○"をつけてください。

	◀◀◀◀◀◀◀◀◀◀◀◀			▶▶▶▶▶▶▶▶▶▶▶▶
設問6	客観的な裏づけにもとづいて行動する		○	流行への関心が強い
設問7	現実的な利益や成果を重視する	○		愛情や友情を優先する
設問8	自分の基準が周囲の基準だと思っている		○	周囲の基準が自分の基準だと思っている
設問9	積極的な組織運営にたけている	○		調和的な人間関係を大切にする
設問10	見聞が広がるのがうれしい		○	交友関係が広がるのがうれしい
	C→			←D

	◀◀◀◀◀◀◀◀◀◀◀◀			▶▶▶▶▶▶▶▶▶▶▶▶
設問11	感動できる音楽や絵画を探し求める		○	音楽や絵画からインスピレーションをもらう
設問12	面倒なことは後回しにする		○	変化の乏しい状況にはすぐ退屈する
設問13	人を楽しませるのがうまい	○		人から信奉されることがある
設問14	気候や天候で体調を左右されやすい		○	諸々の状況の今後の成り行きがピンとくる
設問15	観察力があると思う	○		ツキや運があると思う
	E→			←F

Bが多い場合は、自分により当てはまると思う方に"○"をつけてください。

	◀◀◀◀◀◀◀◀◀◀◀◀			▶▶▶▶▶▶▶▶▶▶▶▶
設問6	自分の意見に隙がないよう考え抜く			つねに自分の情緒の揺れ動きを気にしている
設問7	まずは距離を置いて懐疑的にものごとを見る			良心的で忍耐強い
設問8	抽象的な論理によって判断する			内心での好き嫌いが激しい
設問9	考えを批判されると執拗に反論したくなる			本音を隠して守ろうとする
設問10	人によく皮肉を言う			人の言動によく傷ついている
	G→			←H

	◀◀◀◀◀◀◀◀◀◀◀◀			▶▶▶▶▶▶▶▶▶▶▶▶
設問11	経験のない悩みの相談には答えにくい			経験のない悩みの相談でも核心部分がわかる
設問12	夢は現実に近い展開をすることが多い			夢は劇的な展開をすることが多い
設問13	記憶が事実とくいちがうことが多い			思い込みでわかった気になっていることが多い
設問14	小説中の複雑な血縁関係の理解には家系図がほしくなる			小説中の複雑な血縁関係を理解するのに苦労はない
設問15	ドラマは目の前の場面を追って見ている			ドラマはすぐに先の筋がわかる
	I→			←J

博報堂ケトルCEO、クリエーティブディレクター、雑誌「ケトル」編集長、本屋「B＆B」経営者、……嶋さんを説明するには、このリード文では、あまりに文字数が足りません（笑）。世の中ではまだ気付かれていないけれど、でもたしかに誰の心の中にもある意識を見つめ、言語化することで、新しい仕事をつくりだす嶋さん。取材中、終始目を閉じて語るように話す姿は、頭の中で繰り広げられる創造の大きさ、速さに、話すスピードが追いつかないようにも思えました。まるで図書館のような嶋さんの頭の中に、少しだけお邪魔してきました。

――編集者としてさまざまなシーンでご活躍されていますが、編集者になったきっかけを教えてください。

大学生のときは大学院に進学する気持ちもあって、就職するかも決めていませんでした。ただ、受けてみた博報堂でこの人たちと働きたいと思ったんです。

博報堂は広告をつくる会社だと思っていましたが、初任配属がコーポレートコミュニケーション局というPR（パブリックリレーション）を担当する部署でした。この部署にいたことで、仕事のアウトプットの振れ幅がかなり大きくなったんだと思います。

PRって、広告よりもコミュニケーションの手口が多彩なんですよね。

社会の新しい合意形成をつくれるなら、何をやってもいい。国際会議を開いても、学会をつくっても、ウェブサイトをつくっても、出版をしてもいい。たとえば『ミシュランガイド』もPRの一つです。もともと『ミシュランガイド』はタイヤ会社のミシュランが、「自社ブランドの使用拡大を目指して、美食をめぐるドライブのためのガイドブックをつくった」ことが始まりです。レストランを紹介している裏には、ミシュランタイヤをつけた車でレストランに行ってほしいという戦略があるんですね。そう考えると、PRって、広告も編集も全部包含しているんです。

―嶋さんはそこで編集という仕事を覚えられたんでしょうか？

そうですね。最初の仕事は、ネット空間を編集する仕事でした。当時はネット創成期だったんです。各企業がこぞってホームページをつくった時代です。当時の多くのホームページは社長の挨拶がトップページにあって、会社案内の冊子をそのままデジタル化したものが多かった。自分は、ネットではもっとマニアックな情報が検索されるはずだと思ってメルシャンさんのワインに特化したホームページや、味の素さんのレシピサイトを制作していました。

紙の編集に携わったのは30代になってからです。朝日新聞に出向して、タブロイド版の新聞をつくりました。これは若者に新聞を読ませるための施策で、新聞の編集という仕事だけではなく、販売や流通の仕組みをつくるメディアをプロデュースする仕事でもありました。それから「広告」（博報堂）の編集長や、「旬がまるごと」（ポプラ社）を手掛け、「ケトル」（太田出版）をつくり続けているから、雑誌編集者歴は2002年からかぞえて14年になりますね。

―メディアにとらわれず、さまざまなコンテンツをつくるのが編集者ということでしょうか？

今の時代の編集者にはそれが求められていると思います。今は情報の乗り物がいっぱいあります。たとえば映像を流す乗り物って、テレビでも、電車内のモニターでも、デジタルサイネージでも、ユーチューブでもいいわけです。でも、乗り物が変わると、そのメディアを見ている人のメンタリティが変わります。テレビを見ているときの気持ちと、電車のトレインチャンネルを見ているときの気持ちと、ユーチューブを見ているときの気持ちは違う。ユーチューブにいたっては、パソコンで見ているときと、スマホやタブレットで見ているときでも、視聴者の気持ちが違う。だから乗り物が変わると編集の作法が変わるんです。文字も同じで、ネットと紙の雑誌では、タイトルや書き方は変わってくる。**同じ情報を、違う乗り物に乗せる技術は、これからの編集者の基本スキルになると思います**。そういう意味で、編集者が斜陽産業といわれているのは間違いで、情報を伝えるビジネスや、エディットするビジネスは、逆に今の時代、よっぽど必要とされていると思います。

――情報の乗り物が多様化するなかで、紙という乗り物はどうなっていくのでしょうか？

なくならないと思います。たとえば、ネットで「コーヒー」と検索すると、世の中にあるすべてのコーヒー情報が出てきてしまいますが、雑誌のコーヒー特集には「その雑誌が選んだ、考えた」という世界観が表現されますよね。世界観があるからこそ、「この雑誌は私のことを分かっている」と思う人たちが集まって、コミュニティが形成されます。そのコミュニティに価値を感じた企業が、広告を掲出するんです。その**世界観を表現するのは、今のところ「紙」が一番やりやすい**んですよね。なぜなら、始まりがあって終わりがあるというパッケージが世界観をつくるからです。つまり、**世界観をつくるスキルは、お金を生み出すスキルでもあって**、それが紙の上では、編集タイアップなどによって換金されるわけです。対してウェブには、始まりと終わりの概念がないから、どこまでも極限なく広がってしまうし、さらに総合ニュースサイトは、さまざまなウェブサイトから記事が集められてつくられているので、世界観がスライスされた情報の集積体になっている。ウェブにおいてどうやって世界観をつくるかは、今後の編集者の課題なんですよね。

——編集者の魅力って何でしょうか？

世の中の観察者として、これから世の中で起きる現象や、世の中の暗黙知を最初に言語化できる仕事は魅力があると思いますね。情報をそのまま取ってくるのはグーグルでもできるわけで、世の中の欲望を先取りして、言語化することこそがビジネスになります。情報整理能力が必要なのは前提として、編集者は観察力と感覚で市場がつくれてしまう職業なんです。

——本屋「B&B」を立ち上げたのにはどんな狙いがあったのでしょうか？

本屋は、新規参入者がほとんどないビジネスです。僕らが今から4年前にB&Bを立ち上げたときは、東京都内で約5年ぶりに新しい法人が本屋業に参入するという状況でした。それぐらい本の流通は、非常に利益率の薄いビジネスで、経営が難しい業態です。大型書店はまだ生き残れる体力があるけど、街の書店は存続が難しい。僕は日常の中で知らない知識に偶然会える場として、街の書店の価値を感じていました。なので生活の中に溶け込む規模の店（「B&B」は30坪の店舗）に挑戦しようと思ったのです。

――では『本屋大賞』のことも教えてください。

何をやっている人だか分からなくなってきますよね（笑）。『本屋大賞』は「本の雑誌」の編集部と有志の書店員が立ち上げた賞です。僕は「本の雑誌」のウェブサイトの編集をしていたのでこの立ち上げに参加したわけです。『本屋大賞』をつくろうと思ったきっかけは、何人かの書店員が「なんでこの本がメジャーな文学賞に選ばれるのか?!」と文句を言っていたのを聞いたからです。**僕、文句を言う人が大好きなんですよ**。そこに欲望を発見できるから。その書店員には「なんでこんなもの選ぶんだ」イコール「俺、別に売りたい本があるんだけど」という欲望があった。欲望って発見できたら、それを素直に受け止める装置をつくればいいのです。これは企画の基本です。それに、本屋が売りたい本を売れる環境って、すごく大事だと思いました。どこの本屋も売れる本だけ置いていては、金太郎飴書店になってしまいますよね。

実際に『本屋大賞』をやってみると、やっぱり書店員が選ぶ本は、プロの作家が選ぶ芥川賞や直木賞と毛色が違っていて。よく本を読んでいて、読者に一番近いところにいる書店員ならではの、非常にエンターテイメント性が高い本が選ばれました。受賞作のすべてが映画化・ドラマ化されているのもこの賞の特徴ですね。

――本当にさまざまなことをされていますよね。

僕は、世の中や自分がいる環境に多様性があった方がいいと思うタイプで、無駄な情報ってまさに多様性のシンボルだと思っています。20代のころから無駄な作業に没頭していましたね。たとえば、禁止って書いてある看板を見たら全部写真に撮る。そうすると、駐車禁止が一番多くて、次はゴミ捨て禁止。世の中の問題が見える化される。23区内の公園の動物遊具をすべて撮影する調査もやりました。60年代の遊具はコンクリート製の森の小動物が多いけど、70年代に上野動物園にパンダがやってくると公園の遊具もFRP製のパンダが増えてくる。世相を反映しているんです。僕は**自分にとって局地的無駄な情報こそが本質で、無駄が楽しめる人こそラグジュアリー、贅沢だと思っています**。本屋も、無駄な情報をいっぱい置く場所であって、多様性を生み出す素敵な装置だと思っているんですよね。『本屋大賞』も、本屋が売りたい本を売れる環境をつくる活動が、最終的に多様性につながっていると思います。僕は、**世の中の多様性を後押しする仕事をしていたい**。

——これから編集者を目指す学生にメッセージをお願いします。

学生は遊びまくった方がいいですよ（笑）。役に立つと思ってやっていることはみんなもやっているわけですよ。もちろん、それもやった方がいいんだけど、誰もやらないような、役に立つかも分からないようなことをやっておかないと。だって、**すべてのイノベーションは辺境から始まるんですから**。あとは普通の人の感覚を持ってほしい。「普通こうするじゃん」って、普通の人がどう情報や乗り物に触れるかを分かっていることが大事だと思います。人が何を考えているか想像できる人が、コミュニケーションをつくる人に向いていると思いますよ。

加藤貞顕

編集者になったのは、
面白くない仕事ができない僕でも、
ギリギリやっていけると思ったから。

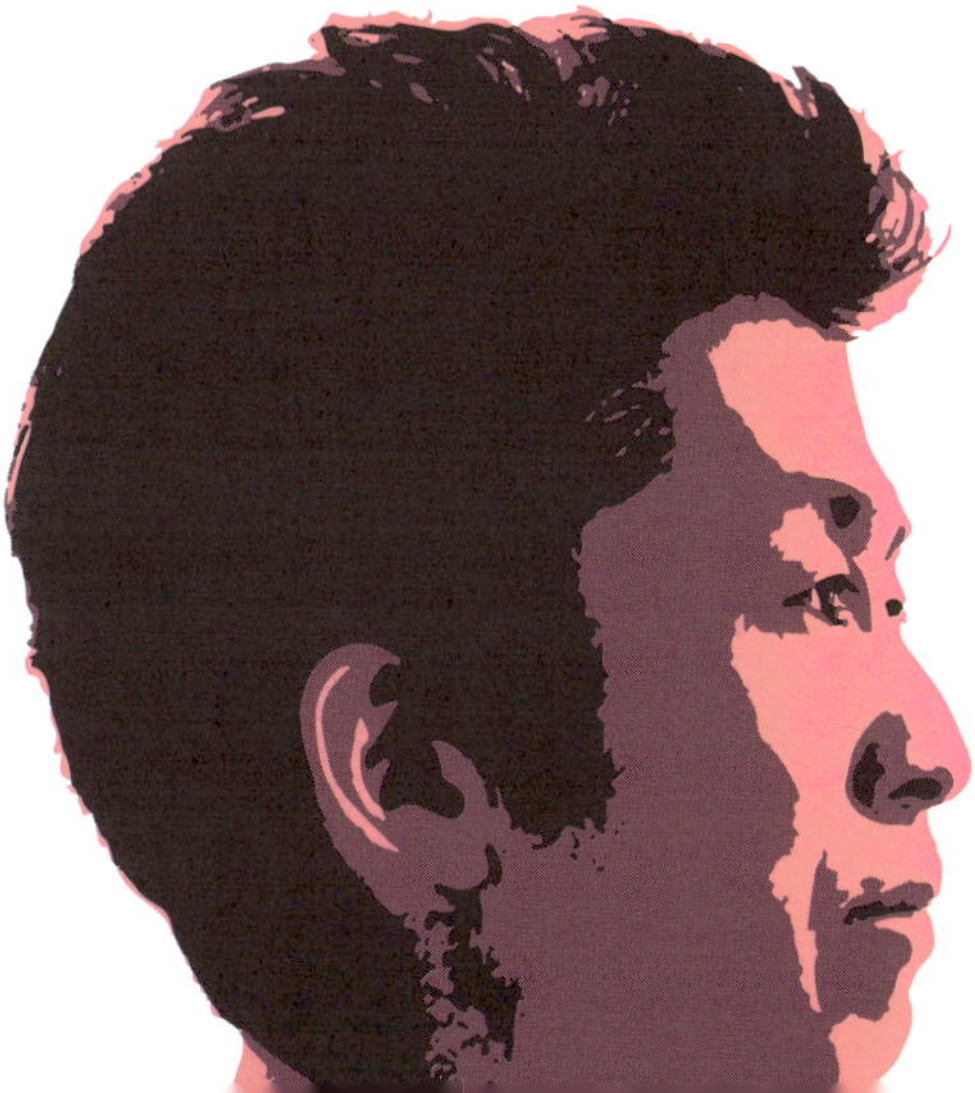

『もしドラ』の表紙は なんで「萌え」イラストなのか

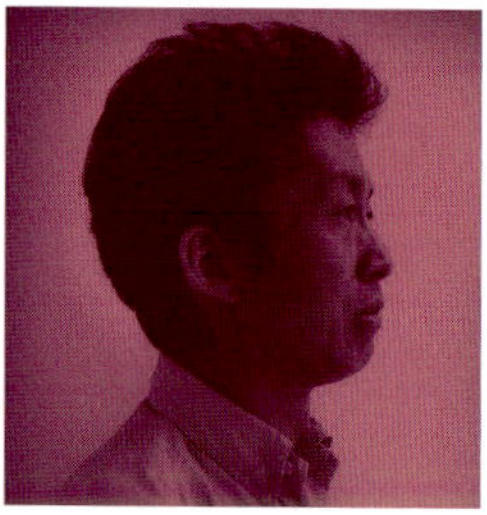

株式会社ピースオブケイク
代表取締役CEO　加藤《かとう》　貞顕《さだあき》

1973年新潟県生まれ。大阪大学大学院経済学研究科博士前期課程修了。アスキー、ダイヤモンド社に編集者として勤務。『もし高校野球の女子マネージャーがドラッカーの「マネジメント」を読んだら』(岩崎夏海)、『ゼロ』(堀江貴文)など話題作を多数手掛ける。2012年、コンテンツ配信サイト「cakes(ケイクス)」をリリース。2014年、クリエイターとユーザーをつなぐウェブサービス「note(ノート)」をリリース。

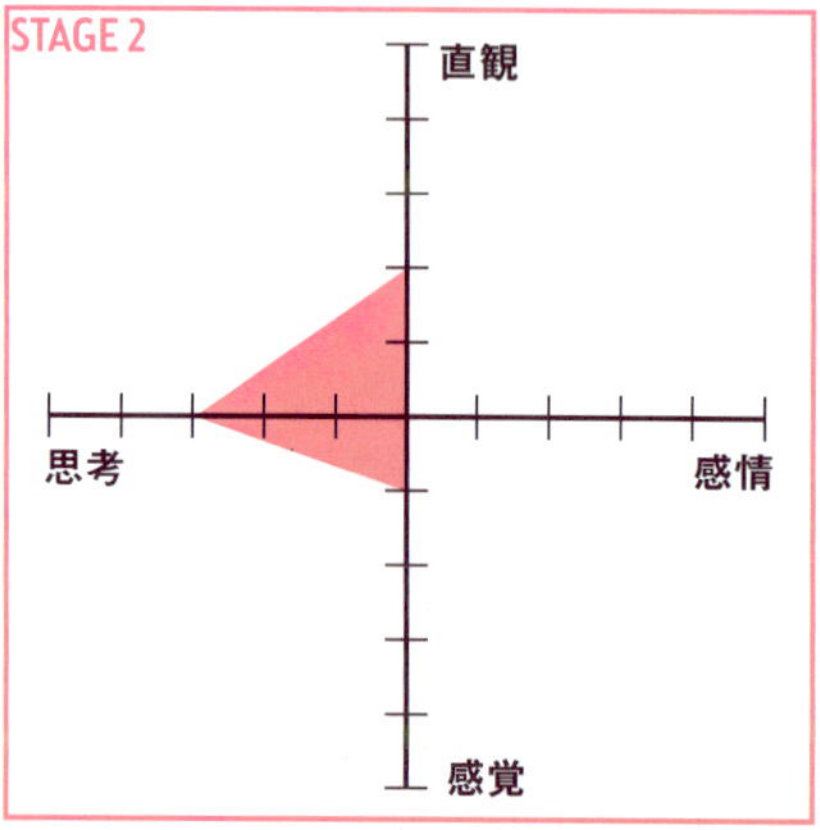

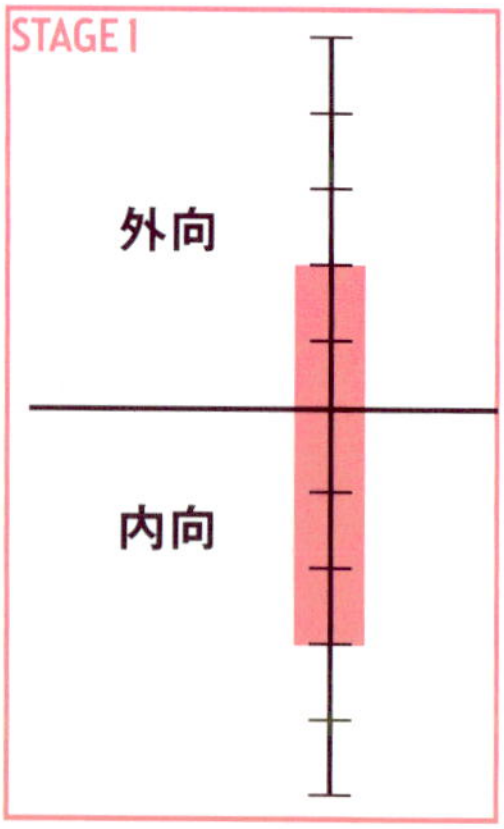

内向的思考（直観）タイプ

（　）内は補助的に働く２番目に優勢な機能、補助機能

ユング心理類型判定スケール（Jungian Scale for Typology, JUSTY）

氏名　加藤貞顕

自分により当てはまると思う方に"○"をつけてください。

	◀◀◀◀◀◀◀◀◀◀◀◀			▶▶▶▶▶▶▶▶▶▶▶▶
設問1	現実の成り行きを考えていることが多い		○	気がつくとよく空想している
設問2	実用書やノンフィクションを好む	○		スピリチュアルな本やファンタジー小説を好む
設問3	人に会うとまず服装や顔色に注意が向く		○	人に会うとまず人柄や気分に注意が向く
設問4	夢は現実の断片からできていると思う	○		夢は現実を超えたものだと感じる
設問5	大勢で協力して取り組む作業を好む		○	ひとりでじっくり取り組む作業を好む
	A→		○	←B

Aが多い場合は、自分により当てはまると思う方に"○"をつけてください。

	◀◀◀◀◀◀◀◀◀◀◀◀			▶▶▶▶▶▶▶▶▶▶▶▶
設問6	客観的な裏づけにもとづいて行動する			流行への関心が強い
設問7	現実的な利益や成果を重視する			愛情や友情を優先する
設問8	自分の基準が周囲の基準だと思っている			周囲の基準が自分の基準だと思っている
設問9	積極的な組織運営にたけている			調和的な人間関係を大切にする
設問10	見聞が広がるのがうれしい			交友関係が広がるのがうれしい
	C→			←D

	◀◀◀◀◀◀◀◀◀◀◀◀			▶▶▶▶▶▶▶▶▶▶▶▶
設問11	感動できる音楽や絵画を探し求める			音楽や絵画からインスピレーションをもらう
設問12	面倒なことは後回しにする			変化の乏しい状況にはすぐ退屈する
設問13	人を楽しませるのがうまい			人から信奉されることがある
設問14	気候や天候で体調を左右されやすい			諸々の状況の今後の成り行きがピンとくる
設問15	観察力があると思う			ツキや運があると思う
	E→			←F

Bが多い場合は、自分により当てはまると思う方に"○"をつけてください。

	◀◀◀◀◀◀◀◀◀◀◀◀			▶▶▶▶▶▶▶▶▶▶▶▶
設問6	自分の意見に隙がないよう考え抜く		○	つねに自分の情緒の揺れ動きを気にしている
設問7	まずは距離を置いて懐疑的にものごとを見る	○		良心的で忍耐強い
設問8	抽象的な論理によって判断する	○		内心での好き嫌いが激しい
設問9	考えを批判されると執拗に反論したくなる		○	本音を隠して守ろうとする
設問10	人によく皮肉を言う	○		人の言動によく傷ついている
	G→	○		←H

	◀◀◀◀◀◀◀◀◀◀◀◀			▶▶▶▶▶▶▶▶▶▶▶▶
設問11	経験のない悩みの相談には答えにくい		○	経験のない悩みの相談でも核心部分がわかる
設問12	夢は現実に近い展開をすることが多い		○	夢は劇的な展開をすることが多い
設問13	記憶が事実とくいちがうことが多い		○	思い込みでわかった気になっていることが多い
設問14	小説中の複雑な血縁関係の理解には家系図がほしくなる	○		小説中の複雑な血縁関係を理解するのに苦労はない
設問15	ドラマは目の前の場面を追って見ている	○		ドラマはすぐに先の筋がわかる
	I→		○	←J

発行部数280万部を超え、社会現象にもなった『もしも高校野球の女子マネージャーがドラッカーの『マネジメント』を読んだら』を仕掛けた加藤さん。「cakes」「note」など新しいコンテンツビジネスを生み出す、業界注目企業の代表でもあります。出版業界の常識を覆し、新しい出版の形を実践する加藤さんを見ていると、出版不況、活字離れ……そんな噂を吹き飛ばすかのように、出版業界がとても輝いて見えます。

—加藤さんは、もともと編集者になりたかったのですか？

いえ、**学生時代は就職したくありませんでした（笑）**。いわゆる会社員をできる気がしなかったんです。小さいころから、とにかく面白くないことに耐えられない性格で、校長先生の朝礼の話とか、一回も最後まで聞いたことがないかもしれません（笑）。自分で言うのも変ですが、**これは社会に出たら相当まずいことになるのではないか**と思いました。

—何をするのが好きだったんでしょうか？

子どものころから本を読むのは好きで、**学校の図書館にある本を端から読んでいくような子どもでした**。あと、コンピューターも好きでしたね。**小学校4年生のときには、お年玉を貯めて、自分のコンピューターを買ったん**です。ちょうど日本で8ビットのパーソナルコンピューターが売れ始めた時代でした。そのころのコンピューターは、ソフトウェアも確立していないし、今のようにインターネットからダウンロードすることもできなかったので、みんな自分でプログラムを書いたんですよ。私も小学生ながら見よう見まねでプログラムを書いていました。以来ずっとコンピューター好きは続いていて、大学院のときにはリナックスという、それこそ世界のオタクたちがこぞって開発をしていたオペレーションシステムに夢中でした。

―コンピューターの仕事をしようとは思わなかったのですか？

仕事にしようとは思いませんでしたね。大きなシステムをつくるのって本当に大変で、それを突きつめようとは思えませんでした。それは本も同じで、自分で文章を書いて本をつくるのは違うなと。**編集者になったのは、本の編集なら、面白くない仕事ができない僕でも、ギリギリやっていけると思った**からです。パソコンが好きだからパソコンの本を出したり、英語を勉強したいから英語の本を出したり。むしろ自分の「好き」が必要な職種かもしれません。

―最初はアスキーの雑誌の編集をされていたと伺いました。

もともとご縁があって、大学院時代にパソコンの記事を何回か執筆させてもらったことがあったので、そのまま入社しました。実は、そのころから温めていた企画があって、**内定が決まった時点で記事の執筆を著者に依頼して、入社後すぐに担当連載を持たせていただきました**。それが後に、初めて編集を担当した『新教養としてのパソコン入門 コンピュータのきもち』（山形浩生）という本です。とても先進的なことが書いてある本で、２００２年で「著作権ってもうなくてもいいのでは？」という内容もありました。今でも議論されていることですよね。人口知能の話も書いてありましたね。しかも、その書籍は、全文をネットで公開してたんです。クリス・アンダーソンが書いた『ＦＲＥＥ』が、発売前に全文無料公開して話題になったのが２００９年だったから、それよりだいぶ前に、同じことをやっていたことになります。**当時蔓延していた「無料にしたらその産業は死ぬ」という価値観に挑戦した取り組みでした。**

――大ヒットとなった『もしドラ』についての話を聞かせていただけますか？

　雑誌ではなく書籍をつくりたくて、ダイヤモンド社に転職したんですが、ずっと「ミリオンセラーってどうやってつくるんだろう」と考えていて。編集者になったからには一度はミリオンセラーを出したいですよね。それで過去のミリオンセラーを分析すると、共通項があることが分かりました。**「家族」「恋愛」「お金」「健康」「青春」など、だれもが経験していること**で、さらに加えるとすれば「生き方」を扱ったテーマが多いこと。そしてそのテーマが二つ以上入っていることです。

　そんなときに出会ったのが、作家の岩崎夏海さん。彼がウェブ上に載せていた『もしドラ』の元となる短編が面白かったので「お会いできませんか？」とメールを送ったんです。売れると思った理由は二つ。「マネジメント」は、学校でも、会社でも、家庭でも、あらゆるところで役に立つテーマだと思ったこと。そしてドラッカーの「マネジメント」はすごく難解ですが、それを誰もが経験している青春ストーリーにのせて、面白く、分かりやすく伝えていることでした。

――テーマが大ヒットの秘密だったんですね。

内容が良くても売れる本になるとは限らないんです。どうやったら本の存在を知ってもらえるのか、売れるための工夫は常に考えていました。本って、つくるまでの労力は半分でしかなくて、あとは売るための戦略が肝なんです。『もしドラ』では、営業部、宣伝部、編集部など、社内のあらゆる部署を集めてプロジェクトチームを編成し、**2年間、毎週のように会議を続けて戦略を練りました**。「週刊ダイヤモンド」で特集を組んだり、社会的影響力が高い人に献本したり、とにかくドラッカー好きと野球好きには、全員に配りました。それから、表紙のデザインも改革しました。堅い印象のあるビジネス書を一般に広く受け入れてもらうためには、真面目すぎるデザインではダメですよね。なので、思い切ってアニメ系のイラストを入れてみることにしました。今まで、ビジネス書の表紙にアニメ系のキャラクターが採用されたことはなかったと思います。だからやりすぎには注意して「ギリギリ引かない萌え」を狙いました。胸のサイズやスカートの長さも指定して、細かい調整を加えています（笑）。そして、背景も重視しました。実は『攻殻機動隊』も手掛ける美術会社にお願いしてます。超ハイクオリティーな背景です。キャラクターが目立つデザインだけに、背景が中途半端だと二次元に寄り過ぎてしまって、ビジネス書なのに現実から乖離した印象を与えてしまうと思ったんです。**背景のために発売日までずらしました**からね（笑）。

地道な活動がじわじわと効いたのか、会社の研修や、テレビの特集で採用されるようなってからは、さらに波及に拍車がかかったように思います。ダイヤモンド社では初めてのミリオンセラーとなりました。一般的に本の影響力ってそんなに大きなものじゃないんです。だけど**10万部を超えると世の**

中がちょっとだけ動くんですよ。それを感じることができるのが、編集者として一番面白いところだと思います。

――「ピースオブケイク」を立ち上げた経緯を教えていただけますか？

私がやっていることは、今も昔も変わっていないんです。世の中が求めているものを、分かりやすく、面白く伝えることは、メディアが変われど、本質的なところは同じです。**編集者の仕事で重要なことは、作家の思いをしっかりと読者に伝えること**です。それによって利益が生まれ、作家はまた創作活動を続けることができます。ただ、今は時代の変革期で、紙の本だけで多くの人に届けることが難しいのは確か。だって、ほとんどの人が本よりスマホを見ている時間の方が長いでしょう。だったら、その中でしっかりと伝えられる場所と、コンテンツをつくる必要があります。だから僕は、「ｃａｋｅｓ」と「ｎｏｔｅ」というサービスを始めました。

最近では雑誌の電子化が進んでいますが、紙面のＰＤＦをウェブに掲載するだけで、紙の雑誌に変わるものになるとは考えにくいですよね。**雑誌をデジタルに置き換えるなら、それに合わせた表現方法が必要だと思いました。それが「ｃａｋｅｓ」です**。ウェブ上で雑誌を再定義した、メディアにしたいと思っています。「ｃａｋｅｓ」ではさまざまな作家に連載をしてもらっていて、毎日更新しています。ウェブメディアの問題点は収益性が低いことだと指摘されていますが、「ｃａｋｅｓ」では、さまざまな作家が書いた1万本以上の記事を、週１５０円という価格で読めるサービスがウケて、しっかりビジネスとして成り立つようになってきました。

それに対して**「ｎｏｔｅ」は個人単位のメディア**です。「本」の未来形のようなイメージで、個人が自由に、文章、写真、イラスト、音楽、映像などのコンテンツを発信してコミュニティをつくることができて、そしてもう一つ、コンテンツを売ることができます。以前からウェブ上に自作のコンテンツを投稿することは可能でした。でも、数あるウェブサイトの中から探し当ててもらうことは、砂漠の真ん中で「見てください」って叫ぶようなものです。まずは気付いてもらう。そして個人でもファンを増やしてコミュニティをつくることができれば、ビジネス化していくこともできるわけです。それを実現するためにつくったのが「ｎｏｔｅ」。最近では、無名のクリエイターが収益化に成功した事例もたくさん出てきています。

―最後に編集者を目指す学生に向けて一言お願いします。

編集者のあるべき姿って、特にないと思うんです。みんなそれぞれが、何やってもいい仕事なので。ただ、誰も聞かないことを叫んでも仕事にならないので、自分の興味と、社会の需要と、作家のクリエイティビティを三角関係にうまくつなげられるといいんですよね。そういった相関関係に気付けると、新しい何かを生み出せる人になると思います。

浅田貴典

もう43歳のオッサンですが、
今の憧れの人は
漫画界で一番かっこいいワニ
獣王クロコダインさんです。

『ONE PIECE』も『BLEACH』も マンガ界のヒットメーカー

株式会社 集英社 ジャンプ・ノベル編集部 Jブックス編集長 浅田《あさだ》 貴典《たかのり》

1973年生まれ。慶應義塾大学卒業後、1995年に集英社に入社。週刊少年ジャンプ編集部に配属。『ONE PIECE』（尾田栄一郎）、『ZOMBIE POWDER.』『BLEACH』（久保帯人）、『Mr. FULLSWING』（鈴木信也）、『アイシールド21』（稲垣理一郎、村田雄介）、『血界戦線』（内藤泰弘）などの立ち上げに、担当編集として携わる。他に漫画雑誌「ジャンプSQ.」創刊立ち上げ、電子書店「ジャンプBOOKストア！」開設に尽力。現在は書籍の部署に所属し、小説『NARUTO 秘伝小説シリーズ』などの立ち上げなどを指揮した。

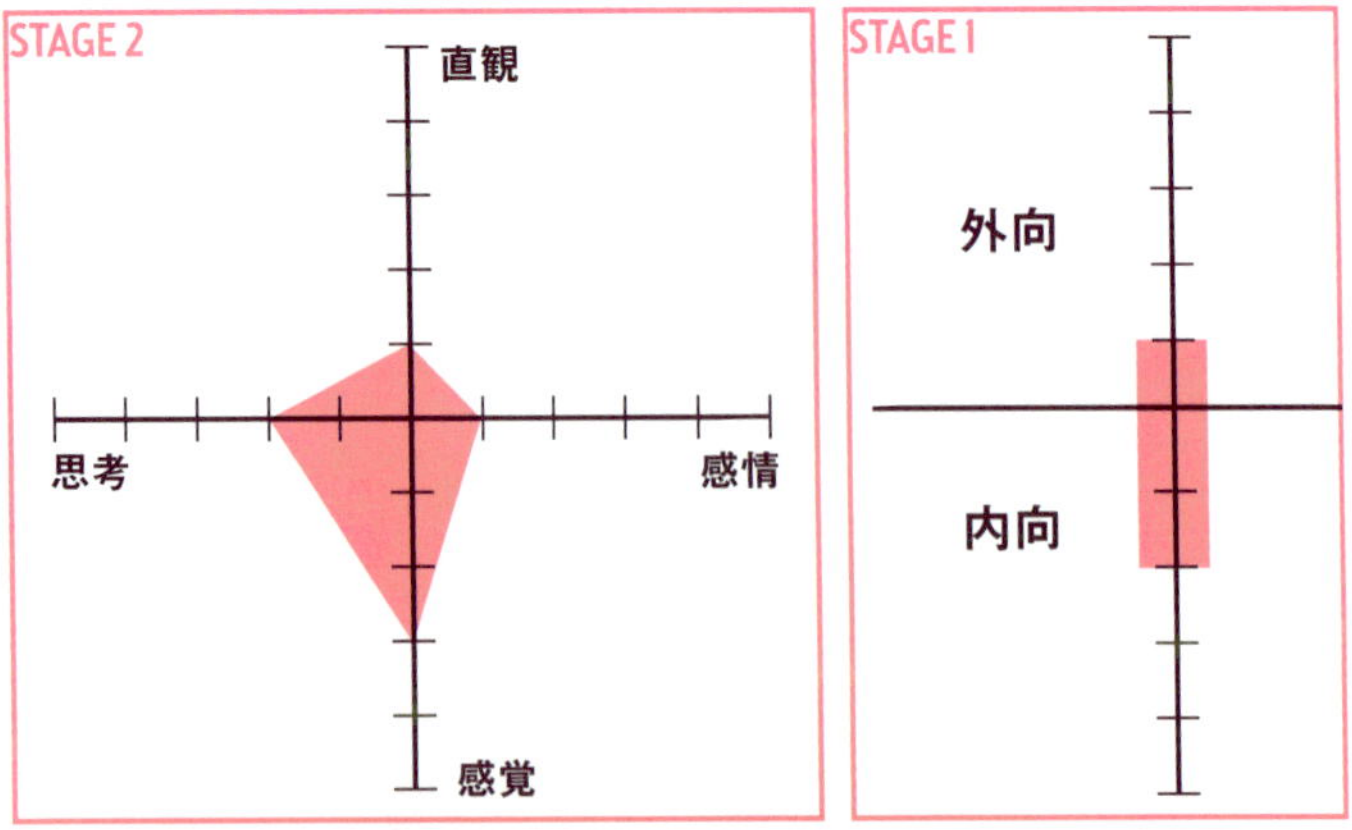

内向的感覚（思考）タイプ

（ ）内は補助的に働く2番目に優勢な機能、補助機能

ユング心理類型判定スケール（Jungian Scale for Typology, JUSTY）

氏名　浅田貴典

自分により当てはまると思う方に"○"をつけてください。

	◀◀◀◀◀◀◀◀◀◀◀◀◀			▶▶▶▶▶▶▶▶▶▶▶▶▶
設問1	現実の成り行きを考えていることが多い	○		気がつくとよく空想している
設問2	実用書やノンフィクションを好む	○		スピリチュアルな本やファンタジー小説を好む
設問3	人に会うとまず服装や顔色に注意が向く		○	人に会うとまず人柄や気分に注意が向く
設問4	夢は現実の断片からできていると思う	○		夢は現実を超えたものだと感じる
設問5	大勢で協力して取り組む作業を好む		○	ひとりでじっくり取り組む作業を好む
	A→			←B

夢を目指せば、たいてい現実になるか。

Aが多い場合は、自分により当てはまると思う方に"○"をつけてください。

	◀◀◀◀◀◀◀◀◀◀◀◀◀			▶▶▶▶▶▶▶▶▶▶▶▶▶
設問6	客観的な裏づけにもとづいて行動する	○		流行への関心が強い
設問7	現実的な利益や成果を重視する	○		愛情や友情を優先する
設問8	自分の基準が周囲の基準だと思っている	○		周囲の基準が自分の基準だと思っている
設問9	積極的な組織運営にたけている	○		調和的な人間関係を大切にする
設問10	見聞が広がるのがうれしい	○		交友関係が広がるのがうれしい
	C→			←D

状況による。
主張はないけど、和を大切にしないと何もできないと意識しながらやってます。

	◀◀◀◀◀◀◀◀◀◀◀◀◀			▶▶▶▶▶▶▶▶▶▶▶▶▶
設問11	感動できる音楽や絵画を探し求める	○		音楽や絵画からインスピレーションをもらう
設問12	面倒なことは後回しにする	○		変化の乏しい状況にはすぐ退屈する
設問13	人を楽しませるのがうまい			人から信奉されることがある
設問14	気候や天候で体調を左右されやすい			諸々の状況の今後の成り行きがピンとくる
設問15	観察力があると思う	○	○	ツキや運があると思う
	E→			←F

どちらもあてはまらない。
左はない。
右は、あえて信じない。

Bが多い場合は、自分により当てはまると思う方に"○"をつけてください。

	◀◀◀◀◀◀◀◀◀◀◀◀◀			▶▶▶▶▶▶▶▶▶▶▶▶▶
設問6	自分の意見に隙がないよう考え抜く	○		つねに自分の情緒の揺れ動きを気にしている
設問7	まずは距離を置いて懐疑的にものごとを見る	○	○	良心的で忍耐強い
設問8	抽象的な論理によって判断する		○	内心での好き嫌いが激しい
設問9	考えを批判されると執拗に反論したくなる	○		本音を隠して守ろうとする
設問10	人によく皮肉を言う			人の言動によく傷ついている
	G→			←H

臨機応変に自信がないので、良心的な行動を心がけている。
あまりあてはまらない。

	◀◀◀◀◀◀◀◀◀◀◀◀◀			▶▶▶▶▶▶▶▶▶▶▶▶▶
設問11	経験のない悩みの相談には答えにくい			経験のない悩みの相談でも核心部分がわかる
設問12	夢は現実に近い展開をすることが多い	○		夢は劇的な展開をすることが多い
設問13	記憶が事実とくいちがうことが多い		○	思い込みでわかった気になっていることが多い
設問14	小説中の複雑な血縁関係の理解には家系図がほしくなる	○		小説中の複雑な血縁関係を理解するのに苦労はない
設問15	ドラマは目の前の場面を追って見ている	○		ドラマはすぐに先の筋がわかる
	I→			←J

そこまで自信がない。

少年マンガ雑誌で常に販売部数1位を独走する「週刊少年ジャンプ」。その中でも、国民的人気を集めているのが『ONE PIECE』です。国内の販売部数は脅威の3億冊超え、海外翻訳版が35以上の国と地域で販売されており、2015年にはギネス世界記録に認定されました。浅田貴典さんは、『ONE PIECE』連載立ち上げ時の編集者。超人気マンガが生まれた背景には、常に新しい方法を考え続ける浅田流の挑戦がありました。

―浅田さんが担当した「週刊少年ジャンプ」の連載マンガについて、教えてください。

立ち上げから担当したのは、**尾田栄一郎さんの『ONE PIECE』**、久保帯人さんの『ZOMBIE POWDER.』『BLEACH』、鈴木信也さんの『Mr. FULLSWING』、稲垣理一郎さんと村田雄介さんの『アイシールド21』、坂本裕次郎さんの『タカヤ―閃武学園激闘伝―』、中島諭宇樹さんの『切法師』、江尻立真さんの『P2! let's Play Pingpong!』です。

それからマンガ雑誌「ジャンプSQ.」の創刊スタッフを務めたあと、「週刊少年ジャンプ」の副編集長になりました。現在は、ジャンプのマンガをノベライズ(小説化)した「Jブックス」の編集長をしています。「Jブックス」就任後に発刊した主な作品は、ジャンプの看板作品でもある**『NARUTO』の小説シリーズ**ですね。

―有名な作品ばかり! 作品を立ち上げる際は、原稿を見た瞬間「この作家は売れる」と才能を感じたりするのでしょうか。

いいえ、一つの作品では才能を判断しないようにしてます。新人作家さんは長く付き合っていくうちに、いきなり「化ける」ときがあります。何となくですが、作家さんの成長は停滞→急上昇の繰り返し、階段状になるケースが多いように思えます。人の成長は予測できないという前提で、可能性を感じる作家さんとは長く付き合いますし、簡単に自分だけでは判断しません。できる限り読み切り作品を通すように努力して、読者の信を問うていました。多いときは、50人から60人くらい。週に一度来る人もいれば、3カ月に一度、半年に一度、1年ぶり、という人もいたので、頻度はいろいろでした。

ジャンプは特に、作品が掲載されたらその後のキャリアに確実にプラスになる。読み切りでも、です。もちろん連載がとれたら本当にうれしくて、その人が一生分稼げる作家になったら、もっとうれしい。**出版社は、未来の才能に投資をする会社なんです**。「週刊少年ジャンプ」の場合は、有望な新人作家には研究費が支給される制度があります。それこそ尾田栄一郎さんも、長い期間、もらっていました。手軽に買える金額の雑誌を毎週発刊しながら、4年も5年もかけて新人作家を援助し、次のヒット作を生み出す。そのためには大ヒット作品で得た利益を他事業に分配するだけではなく、才能に投資していかなくてはなりません。だからこそ、**編集者は作家さんの可能性を信じて、共にデビューを目指します。それが編集者の使命です**。

――浅田さんのようにヒット作を生み出す、つまりその使命を全うする編集者になるためには、どんな能力が必要でしょうか。

編集者は究極的に言うと、二つのタイプに分かれると思います。**ゼロから一をつくる打ち**

合わせができる能力か、一を百に伸ばす打ち合わせができる能力かのどちらかです。

ゼロから一をつくるタイプの人は、教養がある人です。それは本でも映画でも構いません。数えきれないほど作品を見て、その人なりの知見があり、作家さんに意見を伝えられる人。作品やキャラクターの魅力的なところより、僕はむしろ「ここが物足りない」と言える人の方が向いていると思います。もちろん、キツい言葉を直接作家さんに言うわけではありませんよ。作品を分析して、言葉を選び、なぜ自分が物足りないと思ったのかを伝えるんです。週刊誌の編集に限るかもしれませんが。

一方、一を百にするタイプの人は、なにごとも面白がれる人。「この作品がアニメ化したらますます人気になるんじゃないか」「こんな宣伝をしたらウケるんじゃないか」「この有名人と作品をつなげたら化学反応が起きるんじゃないか」と、頭が勝手に考えてしまう。さらに、フットワークが軽く、アイデアを次々に実現してしまう人です。

僕が見ている限り、両方の能力を併せ持つ人ってそんなにいないんです。20年近く生きていれば、必ずどっちかのタイプに寄ります。ただ、20歳そこそこで自分の能力を客観的に分析できる人はまれです。**自分が好きでやっていて、これならいくらやっても苦労に感じないな、って思う方を選ぶといいと思います。**

ちなみに僕は、ゼロから一タイプ。マンガ雑誌は月に25誌くらい読んでいますが、それは仕事だとも勉強だとも思っていません。好きで読んでいるんです。

――月に25誌……。楽しめなければ読めない冊数ですね。小さいころからマンガ好きだったんですか。

マンガというより、エンタメ全般が好きでした。小学校低学年のころは学童保育で「月刊コロコロコミック」を読み、本屋でも立ち読みをして。高学年になったら、塾に通う道中、電車の網棚に置き忘れられていたマンガ雑誌を片っ端から読んで。中高生のころは、学校までの往復3時間、ずっと本を読んでいました。当時は200円で中古の文庫本が6冊買えたので、あえてジャンルを選ばず毎週六冊、中1の夏から高2までずっと読み続けていましたね。でもあるとき、たまたま定期券内だった秋葉原に行ってみたんです。そうしたら、PCゲーム機やファミコンが山のようにあって、しかも店頭で遊び放題！　当時ドラクエは、復活の呪文を入力すると前回の続きができるようになっていたので、毎回自分のセーブデータを読み起こして、「わーい、楽しいな〜」って。5年間、いろんなシャワーを浴びて、エンターテイメントの世界にどっぷり浸かりました。

—就職活動でも、エンタメ系の企業を中心に受けられたんですか。

父が設計士だったので建築系も受けましたが、メインはエンタメ系でした。出版、映画、アニメ、ゲーム、手当たり次第に。でも、全部落ちて、唯一受かったのが集英社だったんです。入社後、偶然人事部の役員とトイレで会って「なんで僕を採ったんですか？」って聞いてみたら、**「お前、受け答えが変だったから」**って。なるほど、そうですか、と（笑）。

──入社以降、約20年間マンガに携わられてきましたが、現在は「Jブックス」の編集長をされていますよね。小説の編集はいかがですか？

僕、基本的に異動が好きなんです。**今また新しいことに挑戦できて、毎日がすごく楽しい**。たとえば、僕が編集長になってから取り組んだ『NARUTO 秘伝シリーズ』は、累計で120万部を突破しました。

『NARUTO』は15年にわたって掲載された大ヒット作品で、キャラクター数が膨大だったんです。そんな作品がいよいよ最終回を迎える、というときに「読者は後日談がほしいだろうな」と思い、作者である岸本斉史先生に小説化を提案しました。週刊連載の場合、ストーリーの都合上どうしても先に進めなければならないときがあります。でもそこに「このキャラのこういう話を描きたかった」とか「ストーリーの間にこういう話があったらいいな」という作者・読者の想いが隠れていることがあるんです。それを汲み取り、スタッフが岸本先生と綿密に打ち合わせをして作品を生み出しました。人気キャラクターである、はたけカカシの後日談を描いた『カカシ秘伝 氷天の雷』は、19万部も売れたんですよ。これだけの数字を出せる書籍はなかなかないので、立派に育ってくれたなあと思っています。

──一冊で19万部、シリーズで120万部というのは、業界人も驚く数字ですね。

「Jブックス」そのものをマンガと同じサイズにして、コミックスと同じ棚に置いてもらう、という作戦がうまくいったんだと思います。販売部や営業部と合同で挑んだ策でした。マンガの場合は、雑誌に掲載すれば一定の読者に届くので、意識としてはつくるところで仕事の95%が終わりがちです。でも書籍の場合は、書店で手にとってもらわなければ読んでもらえません。つくる時点で100%、気付いてもらうのにプラス40%の労力がかかるんです。アニメや映画になっている作品の場合は、公式サイトで紹介してもらったり、視聴者プレゼントをしたり、放映後に情報をツイートしたりと、地道に活動しているんですよ。僕は、最終的に売れるっていうことが、読者と、作者と、出版社の幸せにつながると思っています。販売部数を伸ばす新たな策を常に考えていますね。

—今や日本を代表するカルチャーともいえるマンガが人々に与えてきた影響は、計り知れないと思います。浅田さんにとって、マンガとは何ですか。

憧れの生き方、つまりロールモデルを描いた本です。幼少期の男の子は「コロコロコミック」、女の子は「りぼん」などのキッズ向けマンガ雑誌で読み方を学んで、娯楽の楽しみを味わいますよね。でも小学校の高学年になると、学校内の小さな社会が複雑化して、どうやって生きていけばいいのか分からなくなる。そんなとき、マンガは「こういう生き方をしたらかっこいいよ」っていう道筋を示してくれるんです。マンガの中には、純粋に「この人すげーな」と思える人がいる。だから二次元と三次元の区別をつけず、**「こんな生き方がしたい」と読者が思える物語を世の中に出す手伝いをしたい、と思いながらやっています**。僕はもう43歳のオッサンですが、今の憧れの人はマンガ界で一番かっこいいワニ、獣王クロコダインさんです。「ドラゴンクエスト ダイの大冒険」ですね！

浅井茉莉子

大切なのは
仕事を好きでいることではなく
好きでいたい、と思うこと。

未知と遭遇したいから『火花』をつくりました

株式会社 文藝春秋
文藝出版局第二文藝部　浅井《あさい》 茉莉子《まりこ》

早稲田大学卒業後、文藝春秋に入社。「週刊文春」記者、「別冊 文藝春秋」「文學界」編集部を経て、第二文藝部配属。主な担当作品は、芥川賞受賞作品『火花』（又吉直樹）、『コンビニ人間』（村田沙耶香）。

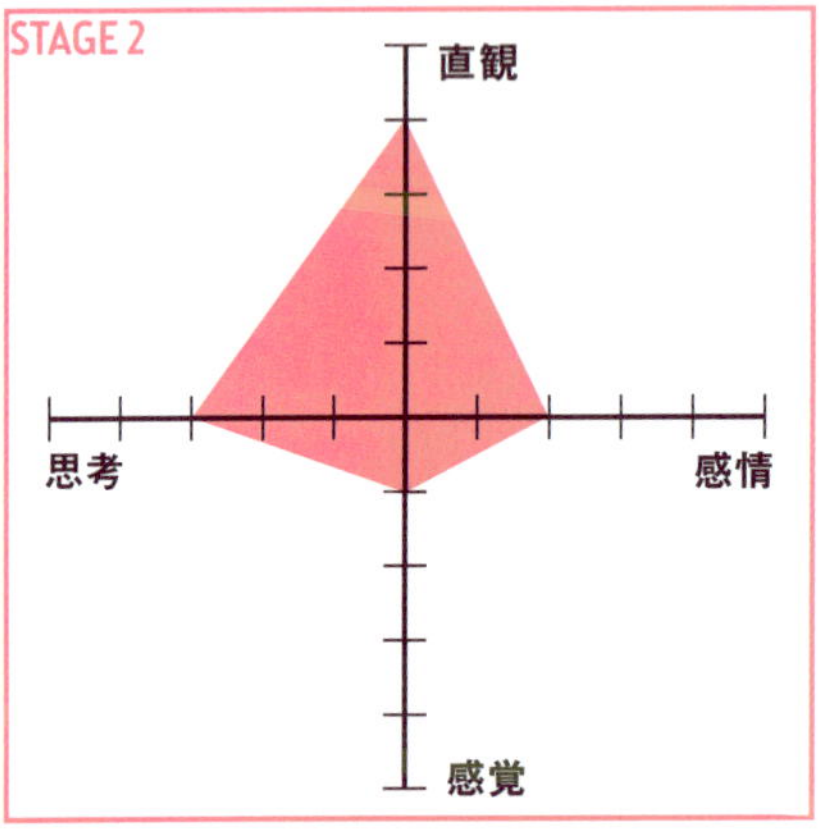

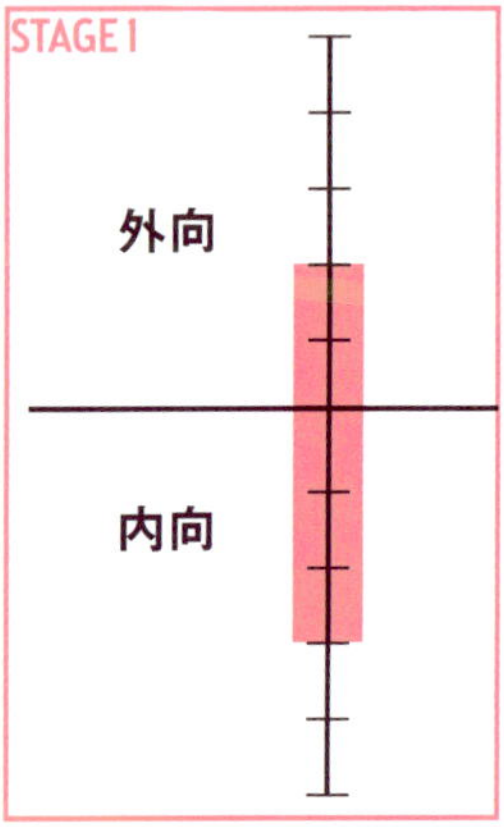

内向的直観（思考）タイプ

（　）内は補助的に働く２番目に優勢な機能、補助機能

ユング心理類型判定スケール（Jungian Scale for Typology, JUSTY）

氏名　浅井茉莉子

自分により当てはまると思う方に"○"をつけてください。

	◀◀◀◀◀◀◀◀◀◀◀◀			▶▶▶▶▶▶▶▶▶▶▶▶
設問1	現実の成り行きを考えていることが多い		○	気がつくとよく空想している
設問2	実用書やノンフィクションを好む	○		スピリチュアルな本やファンタジー小説を好む
設問3	人に会うとまず服装や顔色に注意が向く		○	人に会うとまず人柄や気分に注意が向く
設問4	夢は現実の断片からできていると思う	○		夢は現実を超えたものだと感じる
設問5	大勢で協力して取り組む作業を好む		○	ひとりでじっくり取り組む作業を好む
	A→	2	3	←B

Aが多い場合は、自分により当てはまると思う方に"○"をつけてください。

	◀◀◀◀◀◀◀◀◀◀◀◀			▶▶▶▶▶▶▶▶▶▶▶▶
設問6	客観的な裏づけにもとづいて行動する			流行への関心が強い
設問7	現実的な利益や成果を重視する			愛情や友情を優先する
設問8	自分の基準が周囲の基準だと思っている			周囲の基準が自分の基準だと思っている
設問9	積極的な組織運営にたけている			調和的な人間関係を大切にする
設問10	見聞が広がるのがうれしい			交友関係が広がるのがうれしい
	C→			←D

	◀◀◀◀◀◀◀◀◀◀◀◀			▶▶▶▶▶▶▶▶▶▶▶▶
設問11	感動できる音楽や絵画を探し求める			音楽や絵画からインスピレーションをもらう
設問12	面倒なことは後回しにする			変化の乏しい状況にはすぐ退屈する
設問13	人を楽しませるのがうまい			人から信奉されることがある
設問14	気候や天候で体調を左右されやすい			諸々の状況の今後の成り行きがピンとくる
設問15	観察力があると思う			ツキや運があると思う
	E→			←F

Bが多い場合は、自分により当てはまると思う方に"○"をつけてください。

	◀◀◀◀◀◀◀◀◀◀◀◀			▶▶▶▶▶▶▶▶▶▶▶▶
設問6	自分の意見に隙がないよう考え抜く	○		つねに自分の情緒の揺れ動きを気にしている
設問7	まずは距離を置いて懐疑的にものごとを見る	○		良心的で忍耐強い
設問8	抽象的な論理によって判断する		○	内心での好き嫌いが激しい
設問9	考えを批判されると執拗に反論したくなる		○	本音を隠して守ろうとする
設問10	人によく皮肉を言う	○		人の言動によく傷ついている
	G→	3	2	←H

	◀◀◀◀◀◀◀◀◀◀◀◀			▶▶▶▶▶▶▶▶▶▶▶▶
設問11	経験のない悩みの相談には答えにくい		○	経験のない悩みの相談でも核心部分がわかる
設問12	夢は現実に近い展開をすることが多い		○	夢は劇的な展開をすることが多い
設問13	記憶が事実とくいちがうことが多い	○		思い込みでわかった気になっていることが多い
設問14	小説中の複雑な血縁関係の理解には家系図がほしくなる		○	小説中の複雑な血縁関係を理解するのに苦労はない
設問15	ドラマは目の前の場面を追って見ている		○	ドラマはすぐに先の筋がわかる
	I→	1	4	←J

2015年、お笑いタレント又吉直樹さんの著作『火花』が芥川賞を受賞したことは、みなさんの記憶にも新しいと思います。純文学の中では異例の200万部を突破したこの作品、編集を担当したのは、文藝春秋社の浅井さんです。何度断られても諦めずにオファーをし続け、又吉さんの創作意欲を引き出したそうです。しかし、芥川賞の受賞は著者にとっても、編集者にとっても、ゴールではなく通過点。つらさと楽しさを交互に味わいながら編集の仕事を続けていくために、浅井さんが常々確認しているのは、「この仕事を好きでいたい」という自分の意志でした。

―いきなりですが、又吉さんの『火花』を初めて読まれたとき、どう思いましたか？

とにかく**「すごい」と思いました**。『火花』以前にも又吉さんの短編を担当していたのですが、それ以上にアクセルが踏み込まれていて興奮しました。この瞬間、この興奮が、編集者という仕事の一番の魅力だと思います。文藝春秋はジャーナリズム、スポーツ誌、女性誌と幅広く雑誌・書籍を刊行していますが、私は入社時、その中でも特に小説の編集を志望していました。小説の編集者は、一人の個人的な体験が普遍的な作品になる過程を間近で見られます。自分では考えつかないものに会える。憧れの才能に触れられる。もちろん、一冊でも多くの本を売ることも大切ですが、「なんで編集者をしているの？」と聞かれたら、やっぱり**「原稿をもらったとき、楽しいから」**としか言えません。それに勝るものはないんじゃないかな、と思います。

―文藝春秋社に入社してから『火花』を担当するまで、どんな本の編集をされていたんですか？

いう気持ちだけは持っていたい。だから、今日まで続けてこられました。**思い込みでもいいから、好きだと思えることにぶつかっていくことで、気が付くことがあるかなと**。

――「この仕事が好き」という自然な気持ちではなく、意志が大事なんですね。

自分の意志を自分で確認するのは、すごく重要だと思います。迷いがないのが理想かもしれませんが、なかなかそうはいきません。自分の意志すら、まわりの環境や状況に影響を受けていて、自分の外側にある気がするので、自問自答をするようにしています。そんなに「コレやりたい！　好きだ！」みたいな感じになれないから。常に「どうかなぁ、好きでいられるかなぁ？」って考えながら、ちょっとずつ、なんとかやってる感じです。

金泉俊輔

評論家になるな、
プレイヤーであれ！
読者と同一化して、
共感を呼ぶ記事を書く力こそ
今、求められている。

「SPA!」のDNAを受け継ぐ学生ライター上がりの叩き上げ

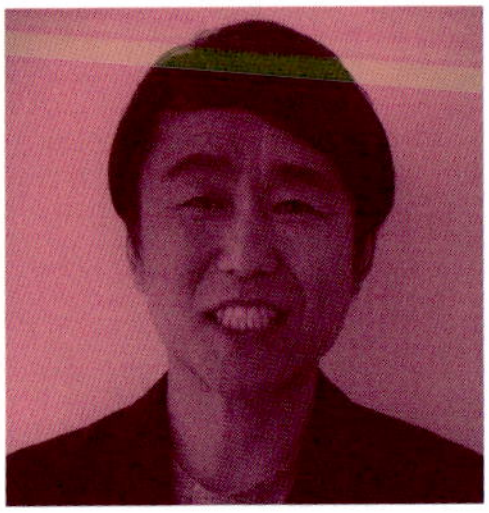

株式会社扶桑社
週刊SPA! 編集長
日刊SPA! 編集長　金泉《かないずみ》 俊輔《しゅんすけ》

1972年生まれ。立教大学経済学部在学中から、雑誌「ホットドック・プレス」や「宝島」などでライターとして活動する。1996年に扶桑社に入社。販売部、「Caz」編集部、「Junie」編集部を経て、2001年から「週刊SPA!」編集部に。同誌副編集長、編集長代理を経て現職。ウェブ版の「日刊SPA!」編集長も兼務する。主な担当書籍として『平凡な大学生のボクがネット株で3億円稼いだ秘術教えます!』（三村雄太）、『2ちゃんねるはなぜ潰れないのか?』（西村博之）、『熟婚のすすめ』（川島なお美）など。

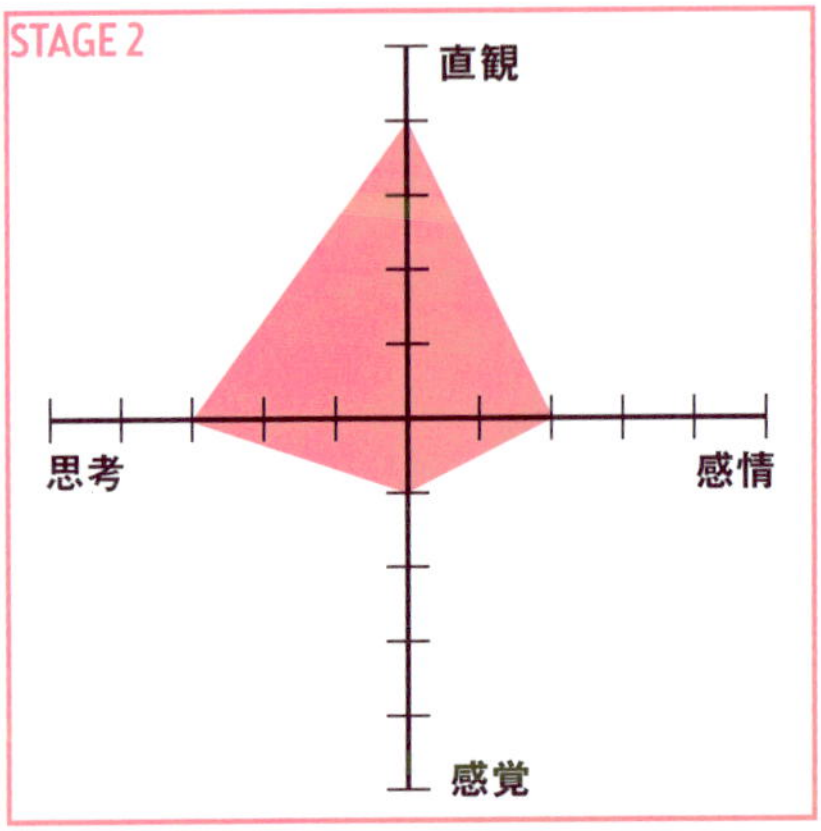

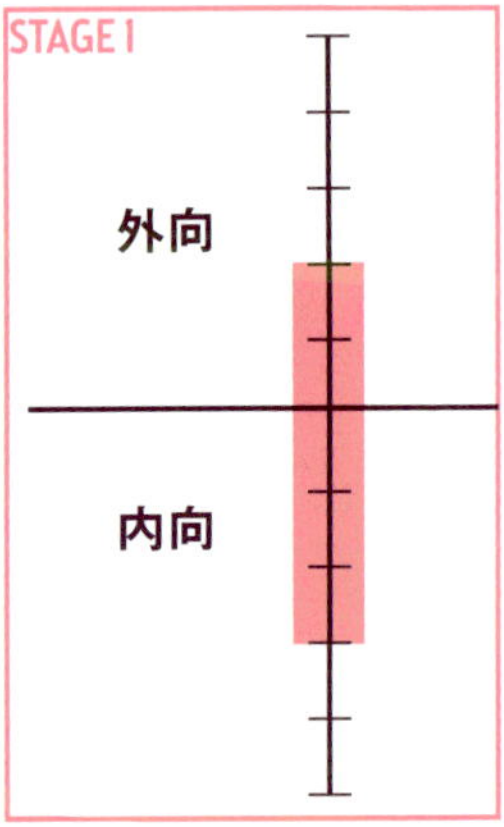

内向的直観（思考）タイプ

（　）内は補助的に働く2番目に優勢な機能、補助機能

ユング心理類型判定スケール（Jungian Scale for Typology, JUSTY）

氏名　金泉 俊輔

自分により当てはまると思う方に"○"をつけてください。

	◀◀◀◀◀◀◀◀◀◀◀◀			▶▶▶▶▶▶▶▶▶▶▶▶
設問1	現実の成り行きを考えていることが多い		○	気がつくとよく空想している
設問2	実用書やノンフィクションを好む	○		スピリチュアルな本やファンタジー小説を好む
設問3	人に会うとまず服装や顔色に注意が向く		○	人に会うとまず人柄や気分に注意が向く
設問4	夢は現実の断片からできていると思う		○	夢は現実を超えたものだと感じる
設問5	大勢で協力して取り組む作業を好む	○		ひとりでじっくり取り組む作業を好む
	A→			←B

Aが多い場合は、自分により当てはまると思う方に"○"をつけてください。

	◀◀◀◀◀◀◀◀◀◀◀◀			▶▶▶▶▶▶▶▶▶▶▶▶
設問6	客観的な裏づけにもとづいて行動する		○	流行への関心が強い
設問7	現実的な利益や成果を重視する		○	愛情や友情を優先する
設問8	自分の基準が周囲の基準だと思っている			周囲の基準が自分の基準だと思っている
設問9	積極的な組織運営にたけている		○	調和的な人間関係を大切にする
設問10	見聞が広がるのがうれしい		○	交友関係が広がるのがうれしい
	C→			←D

	◀◀◀◀◀◀◀◀◀◀◀◀			▶▶▶▶▶▶▶▶▶▶▶▶
設問11	感動できる音楽や絵画を探し求める			音楽や絵画からインスピレーションをもらう
設問12	面倒なことは後回しにする			変化の乏しい状況にはすぐ退屈する
設問13	人を楽しませるのがうまい			人から信奉されることがある
設問14	気候や天候で体調を左右されやすい			諸々の状況の今後の成り行きがピンとくる
設問15	観察力があると思う			ツキや運があると思う
	E→			←F

Bが多い場合は、自分により当てはまると思う方に"○"をつけてください。

	◀◀◀◀◀◀◀◀◀◀◀◀			▶▶▶▶▶▶▶▶▶▶▶▶
設問6	自分の意見に隙がないよう考え抜く		○	つねに自分の情緒の揺れ動きを気にしている
設問7	まずは距離を置いて懐疑的にものごとを見る		○	良心的で忍耐強い
設問8	抽象的な論理によって判断する	○		内心での好き嫌いが激しい
設問9	考えを批判されると執拗に反論したくなる	○		本音を隠して守ろうとする
設問10	人によく皮肉を言う	○		人の言動によく傷ついている
	G→			←H

	◀◀◀◀◀◀◀◀◀◀◀◀			▶▶▶▶▶▶▶▶▶▶▶▶
設問11	経験のない悩みの相談には答えにくい	○		経験のない悩みの相談でも核心部分がわかる
設問12	夢は現実に近い展開をすることが多い		○	夢は劇的な展開をすることが多い
設問13	記憶が事実とくいちがうことが多い		○	思い込みでわかった気になっていることが多い
設問14	小説中の複雑な血縁関係の理解には家系図がほしくなる		○	小説中の複雑な血縁関係を理解するのに苦労はない
設問15	ドラマは目の前の場面を追って見ている		○	ドラマはすぐに先の筋がわかる
	I→			←J

1988年の創刊以降、若手サラリーマン向け週刊誌として独自性の強い特集を組み、他誌と一線を画すことで人気を博している「週刊SPA!」。2011年にはオンラインメディア「日刊SPA!」を開設し、週刊誌とデジタルメディアを両立させています。その編集長を務めるのが金泉さん。少年期は東京と福島で暮らし、地域間の情報格差を痛感したそう。時代が変わり、さまざまな雑誌が変革していくなか、金泉さんが守り続けているのは、歴代の編集長から受け継いだ「SPA!」のDNAでした。

—どんな子どもだったんですか。

福島県の過疎の町でケンカばかりしてました(笑)。田舎だったので、番長制度があったんですけど、小学生のころからケンカばかりしていて、中学2年生のとき、ヤンキーの先輩に太いズボン(ボンタン)の学生服を渡されて、「次はお前、番長やれよ」と言われました。結局、3年生になる前に東京へ引っ越してしまったんですけどね。東京では内申点が悪すぎて都立高校には入れず、埼玉の私立・立教高校に進学したあとも、太いズボンを履いていました。そうしたら、太いズボンを履いてる新入生数名が先輩に呼び出されて、シメられたんです。「お前ら、ダサいからそのズボンやめろ!」って(笑)。当時、シブカジ・チーマー文化のはしりで、都会の高校生は、細身のズボンが流行っていたんですよ。「たしかに、そっちの方がかっこいい!」と思って、すぐに太いズボンはやめました。そのときは従順でしたが、**基本的に反抗的な子どもだったと思います**。

—元番長候補ですか……。意外な過去をお持ちですね(笑)。その後、どのような経緯で出版業界を目指すようになったんですか。

じつは中2のとき以外にも、福島と東京を何度か行ったり来たりしていたんです。そのときに**情報格差を感じたのがきっかけですね**。東京で、深夜に放送されていたちょっとエッチな番組を見ていたんですが、福島では夜の11時半には番組が終わって、砂嵐になってしまうんです。しかもチャンネル数が東京の半分くらい。いざ見えなくなったときの飢餓感は半端じゃありませんでした。でも雑誌だけは、福島でもちゃんと売られていたんです。発売日から数日遅れますけど。男子学生向けのファッション誌やサラリーマン向けの情報誌など、さまざまな雑誌を読んでトレンドをつかんでいました。

読んでいるうちにつくり手を目指すようになり、大学生のころに学生ライターを始めました。ちょうど友だちが小学館の「cancam」のキャンパスボーイズとして活躍していたので、そのツテで紹介してもらって。しかし、僕はイケメンじゃないので、キャンパスボーイズには入れなかったんですね（笑）。こうなったら、モテない男や童貞の味方になるしかないと、講談社の「ホットドッグ・プレス」でライター山田ゴメスさんのアシスタントとして記事を書き始めました。残念ながらこの雑誌は休刊してしまいましたが、当時は「ポパイ」と「ホットドッグ・プレス」が男子高校生や大学生の必読書でした。

そのあと、学生ライターの仕事は順調に増えて、大学より出版社にいる時間の方が長くなりました。いっそ大学をやめて、フリーライターになろうと決意するくらい。でも、書いているうちに、書き手としての自分のレベルが分かってきたんです。文章のうまい才能のあるライターが、大勢いたんですよ。そこで才能あるライターを支える側の編集者になろうと思い直して、就職活動を始めました。無事、第一志望の扶桑社から内定をもらえたんですが、そこでピンチが訪れて……。大学5年生なのに単位が、半分くらい足りなかったんです。必死の形相で授業を受けて、最終的には教授に菓子折りを渡して土下座もしましたね（笑）。**今でもたまに、単位が足りなくて卒業できない、就職もできない、っていう夢を見ますよ（笑）**。

——扶桑社が第一志望だったんですね。どんなところに惹かれたんですか？

「週刊ＳＰＡ！」です。「週刊ＳＰＡ！」は才能のあるライターが多く、学生ライターの僕には憧れの存在でした。いつか自分の名前をスタッフクレジットに載せたい、と思っていました。それに、スクープやスキャンダルを扱う雑誌は嫌だったんですよ。今思うと不遜なのですが、当時は人を傷つけるような仕事はしたくなかった。実際、ライターの中にはタレントと付き合っている仲間もいました。一緒に遊んでいるとき、すごく楽しかったんです。この幸せな空間を、わざわざ世の中にバラして壊す必要があるのか、と思っていました。

——確かに、「週刊ＳＰＡ！」は、誌面から楽しそうな雰囲気が伝わってきます。編集部には、どんなタイプの社員がいるんですか？

猫好きと、阪神ファン。人口比率から考えて明らかに多すぎます（笑）。真面目に答えると、**ちゃんとタイムマネジメントができる人が多い**です。社員が18名、業務委託契約編集者など常勤スタッフが22名いるんですが、基本、勤務形態がスーパーフレックスタイム制なんですよ。

要は、締め切りだけ守っていれば会社に来なくてもいい。最終的にできあがった誌面を見れば、どれくらい努力しているのか、分かりますからね。本当に、一週間出社しない社員もいますよ。自主性を重んじているんです。

これは僕が決めたことではなく、創刊のころから続く伝統です。編集長になってからは、新しいことを仕掛ける以外にも、このような**「SPA!」のDNAを守ることに心血を注ぐようになりました**。

――「SPA!」のDNA……？　具体的には雑誌のどんなところに現れているんですか？

いろいろありますが、基本は台割（目次の構成）です。一般的な週刊誌は、巻「週刊SPA!」は冒頭からカラー→モノクロ→カラー→センターモノクロとなり、後半にリピートする。そして、時事ネタもありますが、月刊誌のように時間をかけて調べた情報を、見栄えのいい写真とともに紹介します。1988年の創刊以降、ずっとこの構成を続けています。……というのも、「週刊SPA!」の読者は、他の週刊誌の読者とは少し違うからなんです。メインターゲットは、感性の鋭いサラリーマン層です。「自分には人と違う情報源がある」と思ってもらえるように、あえて一般的な週刊誌とは違う構成にしています。こういうDNAを守っていくのも、編集長の仕事です。

ちなみに僕は、他誌の目次構成を見るのが変質的に好きなんです（笑）。男性誌だけでなく女性誌、しかもジャンルの違うファッション誌も見ています。文章は読み飛ばしますが、目次の構成は結構見ているんですよ。売れている女性誌には、美しい旋律のような流れと、一貫した世界観があります。でもたまに、「あれ？　この美容特集だけ、ちょっとノリがおかしい」と思うことがあったりして、編集部の人に聞いてみると、その美容特集は、異動したての編集者が担当してたり。「あ、やっぱりそうだ」って（笑）。

―金泉さんは「週刊ＳＰＡ！」の編集長であると同時に、「日刊ＳＰＡ！」というオンラインメディアの編集長ですよね。今後、本の電子化は進むと思いますか？

進むと思います。でも、**海外のように急に変わることはないでしょうね**。徐々に変わっていくと思います。今、世界の自動車業界ではガソリン車から電気自動車へ移行しようとしています。でも日本の自動車メーカーの場合、間にハイブリッド車がありますよね。電気自動車に変えてしまうと、ガソリン車の開発を通して育った部品メーカーやガソリンスタンドなどの高度な技術が一気に淘汰される可能性がありました。その蓄積をなくさないように、ハイブリッドカーは段階を踏んでいる。実際に世界的にも売れています。

出版業界も、高度で安価な印刷の技術と流通があります。もろもろ問題もありますが、そういう仕組みが機能的に動いているから、すぐには電子化しない部分もあるんです。このハイブリッド期間中、いかに良さを抽出するか、いかに次のコンテンツを生み出すか……。今は、模索期なんです。

『ＳＰＡ！』では、ウェブと紙、両方同時進行でキャリアアップできるようにしています。紙だけやっていたら、部数が減って落ち込んでしまう。でもウェブは上昇する。その二つを両方つくることでバランスを保っています。両方の可能性を試せた方が、精神的にも安定していいんですよ。

――これから編集者を目指す学生に、メッセージをお願いします。

伝えたいことは、**「評論家になるな、プレイヤーであれ」**でしょうか。編集者になれるくらいの知的レベルの学生って、ものごとを客観視する能力はそこそこ備わっているんですよ。だから逆に、読者や取材対象者と同一化して、共感を呼ぶ記事を書く力が必要なんです。たとえば女性ファッション誌の場合、モード系の雑誌に配属されたら、すぐモード系の格好になれる。ギャル系の雑誌に配属されたら、すぐギャル系の格好になれる。年齢なんて気にせず、思いきってマルキューの服を着る人の方がいいんです。高校生時代の僕が、東京に転校してすぐにズボンを細くしたように（笑）。

読者と同一化できる編集者の方が、いい企画をつくれます。最初から最後まで、単にきちんと仕事ができるだけ、という中途半端な編集者は、じきに淘汰されてしまいますよ。**ハイブリッド化が進む時代を生き抜き、雑誌やコンテンツを愛する人たち全員が豊かになれるように、常にプレイヤーであってほしいと思っています**。

佐々木紀彦

未来のメディアの主流は動画かもしれない。
でも、良い編集者の条件は
今も昔も変わらない。

日本のメディアを牽引する
ビジネス系サイトの切り込み隊長

株式会社 ニューズピックス
取締役／編集長　佐々木《ささき》 紀彦《のりひこ》

1979年生まれ。慶應義塾大学卒業後、東洋経済新報社に入社。記者として活躍する。2007年9月より2年間休職し、スタンフォード大学大学院で修士号（国際政治経済専攻）を取得する。帰国後は「週刊東洋経済」編集部で「非ネイティブの英語術」などのヒット企画を担当した後、2012年に「東洋経済オンライン」編集長に就任。著書に『5年後、メディアは稼げるか』（東洋経済新報社）。2014年にユーザベースに移籍。「ニューズピックス」編集長に就任。2015年ニューズピックスの取締役に就任。

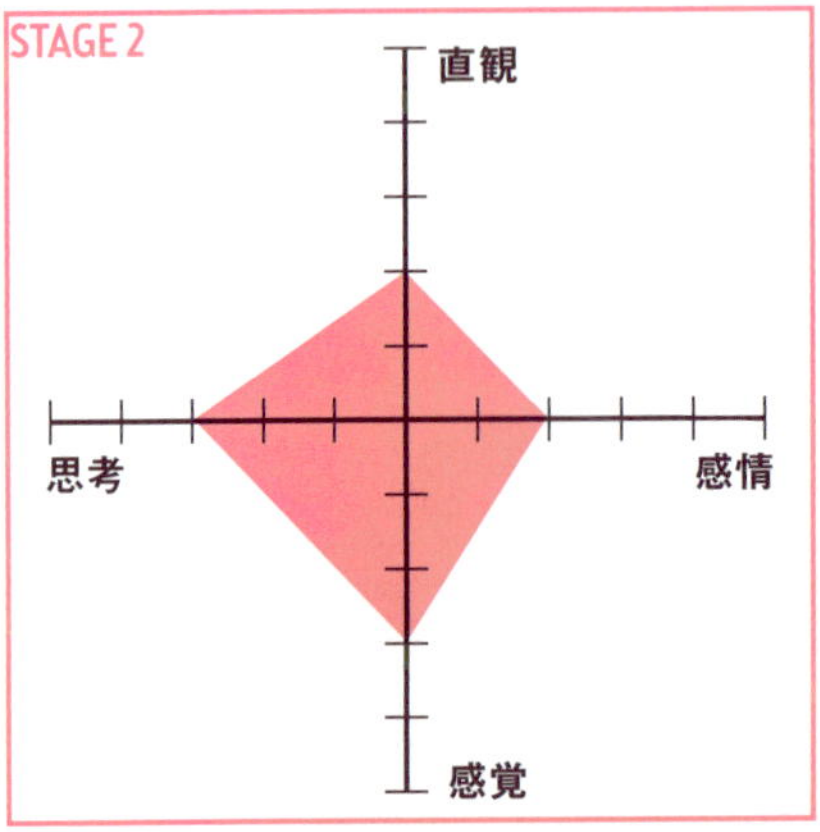

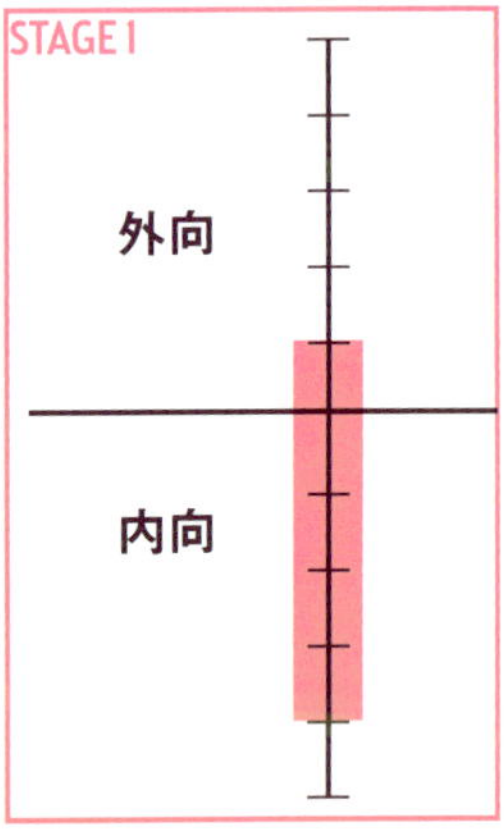

内向的思考感覚バランスタイプ

ユング心理類型判定スケール（Jungian Scale for Typology, JUSTY）

氏名　佐々木　紀彦

自分により当てはまると思う方に"○"をつけてください。

	◀◀◀◀◀◀◀◀◀◀◀◀			▶▶▶▶▶▶▶▶▶▶▶▶
設問1	現実の成り行きを考えていることが多い		○	気がつくとよく空想している
設問2	実用書やノンフィクションを好む	○		スピリチュアルな本やファンタジー小説を好む
設問3	人に会うとまず服装や顔色に注意が向く		○	人に会うとまず人柄や気分に注意が向く
設問4	夢は現実の断片からできていると思う		○	夢は現実を超えたものだと感じる
設問5	大勢で協力して取り組む作業を好む		○	ひとりでじっくり取り組む作業を好む
	A→		○	←B

Aが多い場合は、自分により当てはまると思う方に"○"をつけてください。

	◀◀◀◀◀◀◀◀◀◀◀◀			▶▶▶▶▶▶▶▶▶▶▶▶
設問6	客観的な裏づけにもとづいて行動する			流行への関心が強い
設問7	現実的な利益や成果を重視する			愛情や友情を優先する
設問8	自分の基準が周囲の基準だと思っている			周囲の基準が自分の基準だと思っている
設問9	積極的な組織運営にたけている			調和的な人間関係を大切にする
設問10	見聞が広がるのがうれしい			交友関係が広がるのがうれしい
	C→			←D

	◀◀◀◀◀◀◀◀◀◀◀◀			▶▶▶▶▶▶▶▶▶▶▶▶
設問11	感動できる音楽や絵画を探し求める			音楽や絵画からインスピレーションをもらう
設問12	面倒なことは後回しにする			変化の乏しい状況にはすぐ退屈する
設問13	人を楽しませるのがうまい			人から信奉されることがある
設問14	気候や天候で体調を左右されやすい			諸々の状況の今後の成り行きがピンとくる
設問15	観察力があると思う			ツキや運があると思う
	E→			←F

Bが多い場合は、自分により当てはまると思う方に"○"をつけてください。

	◀◀◀◀◀◀◀◀◀◀◀◀			▶▶▶▶▶▶▶▶▶▶▶▶
設問6	自分の意見に隙がないよう考え抜く		○	つねに自分の情緒の揺れ動きを気にしている
設問7	まずは距離を置いて懐疑的にものごとを見る	○		良心的で忍耐強い
設問8	抽象的な論理によって判断する		○	内心での好き嫌いが激しい
設問9	考えを批判されると執拗に反論したくなる	○		本音を隠して守ろうとする
設問10	人によく皮肉を言う	○		人の言動によく傷ついている
	G→	○		←H

	◀◀◀◀◀◀◀◀◀◀◀◀			▶▶▶▶▶▶▶▶▶▶▶▶
設問11	経験のない悩みの相談には答えにくい		○	経験のない悩みの相談でも核心部分がわかる
設問12	夢は現実に近い展開をすることが多い	○		夢は劇的な展開をすることが多い
設問13	記憶が事実とくいちがうことが多い		○	思い込みでわかった気になっていることが多い
設問14	小説中の複雑な血縁関係の理解には家系図がほしくなる	○		小説中の複雑な血縁関係を理解するのに苦労はない
設問15	ドラマは目の前の場面を追って見ている	○		ドラマはすぐに先の筋がわかる
	I→	○		←J

有名ビジネス系ニュースサイト「東洋経済オンライン」。その人気に火をつけたのは、全面リニューアルを成し遂げた、若手編集長の佐々木紀彦さんでした。もともと『週刊東洋経済』で記者をしていた佐々木さん。現在は、ユーザー数が１００万人を突破した経済ニュースメディア「ニューズピックス」の編集長として、新たな情報の発信拠点を築いています。佐々木さんが目指すのは、新たなメディアのかたち。先進的な企画の裏側には、日本の10年先を見つめる独自の視点がありました。

―そもそも、佐々木さんが記者になろうと思ったきっかけはなんでしょうか？

大学で、経済学に出合ったからかもしれません。お金には正直、そこまで興味がないんですけど、経済学って、お金ではなく、世の中全体を見渡す学問なんです。それで、大局的な視点から、社会を見る面白さに気が付きました。**私は、自分はオタクと真逆だと思っているんです**。集中したときはツボにはまる。けれども飽きっぽくて、どんどん集中するものが変わっていく。**たぶん、双子座だからじゃないかな**、と思うんですけど（笑）。でも、そういう性格の人って、記者とか編集者に向いていると思います。私は、人は４タイプにカテゴライズできると思っています。一つ目はお金を愛する人。こういう人は金融業界に行くと稼げますよね。二つ目は物が好きな人。これはメーカーとかエンジニアの人に多くて、目に見えるものが好きで、何かつくってると本当にうれしそうにしている人です。職人気質の日本人に多いと思います。三つ目は人が好きな人。この人はサービス業。とにかく人に感謝されるのが一番うれしいっていう人。最後の四つ目は、アイデアやコトを愛する人。私は四つ目なんですよね。人が持っているアイデアや才能に興味があるので、そういうことを世の中に伝えたいと思っています。

―もともとは雑誌の記者であった佐々木さんが、デジタルメディアに興味を持つようになったのはいつごろからですか？

2002年ごろですね。グーグルの登場で、世の中の風向きが変わり始めていたんです。私は当時、東洋経済新報社の新人記者で、IT業界を担当していました。いろんな企業を取材するうちに、「これからは何においてもITやデジタルがベースになるんじゃないか」と、感じるようになったんです。

「東洋経済オンライン」の編集長に立候補したのは、たしか33歳のころだったと思います。社内では若手だったんですが、とにかく早く、紙からデジタルに移行しないとまずい、と思っていて。私は自分が「これは正しい」と思ったら、突き進むタイプなので迷いはありませんでした。**戦国時代でいう、切り込み隊長かな。**

―どうやって「東洋経済オンライン」をビジネス系ナンバーワンのサイトに成長させたんですか？

それまでの「東洋経済オンライン」は、50代〜60代向けのサイトでした。でもその世代って、ウェブはあまり得意ではないですよね。だからターゲットを、20代〜30代のビジネスマンに変えました。

ただ、ターゲットを変えたからといって、ウェブサイトにアクセスする数さえ増えればいいわけではありません。たぶん芸能記事を量産したら、ウェブサイトを訪れるユーザー数は、一時的に増えるでしょう。

でも、記者の人たちが面白いと思わないと、メディアは長続きしないんですね。だからユーザーの反応ばかりに気をとられてしまうのも、私は違うと思うんです。それにユーザーというのは、閲覧者であり、記者であり、運営者でありサイトに関わる人すべてとも言えます。そう考えるようになってから、メディアの運営は社会全体への貢献というか、便益、ベネフィット、そういうものを最大化するのがいいんじゃないかなと思うようになりました。

―現在は、経済ニュースメディア「ニューズピックス」の編集長としてさまざまな企画を生み出されていますよね。どうしたら、佐々木さんみたいに先進的な企画を思いつくようになれますか？

企画力を磨くには、自分のインプットを増やすことしかありません。**アイデアは、自分の中にあるものが、つながってできるものなので、自分のなかにどれだけ材料があるかが重要です**。料理も、どれだけいいネタが、冷蔵庫に入っているかによって、つくれる料理が決まってきますよね。だから、まず自分の冷蔵庫の中に入れるものを増やす。しかも、できるだけいいものを増やす。じゃあどうやって組み合わせていくか。それは、ひらめきやセンス、人と話すことなんですね。あとは、常識を疑う。自分の中の思考にタブーをつくらずに考えていく。その頭の柔らかさみたいなものを大切にしています。

―佐々木さんから見て、日本のメディアはどう映るのでしょうか？

日本は10年くらい遅れていますよ。業界全体の人材の流れで言うと、アメリカは紙からウェブへの流れができていて、さらにもう一歩進んで、ウェブから紙にまた戻ってる場合もあります。ぐるぐるまわっているんです。そもそも、今「紙」って言いましたけど、**紙メディア、ウェブメディアっていう対立構造はもうない**ですね。「紙」OR「ウェブ」ではなく、両方ともしっかりやっていて、混ざり合っている感じです。それにアメリカは、新しい表現方法にどんどんチャレンジしています。動画が典型で、動画がない報道のメディアはないくらい、増えています。中国でも、もう動画が主流になっているのに、日本はまだおまけでやっているような状況ですよね。動画は結構コストがかかる割に、儲からないので「1、2年は赤字でいいんだ」と腹をくくる度胸がないと踏み込めないのかもしれません。日本は徹底的にお金を投資して育てるんだ、みたいな勝負師があんまりいませんよね。そこは、本当にもったいない。みんな誰が成功するかって様子見してるじゃないですか。それでは、いつまでたっても成功例が出てこない。世の中の進歩が、また2、3年遅れる……。それならどんどんかき回した方が面白いと思います。

——将来動画が流行ると、文字はどうなってしまうのでしょうか？

どちらかというと、衰退していくと思います。動画は受け身で視聴できるので、楽ですよね。でも本は、自分の目で追って読まなければならない。楽な方に流れるのが人間ですから。ただ、経済に関しては文字がやっぱり強いかなと。経済メディアの閲覧者は、忙しい方が多いので、いちいち動画を見ていられないんですよね。そういう人たちにとっては活字の方が、むしろ効率的かつ簡潔に必要な情報が得られるので、われわれ「ニューズピックス」は、これからも栄えるかなぁと思っています。

―それを踏まえると、これから編集者を目指す場合、どんなスキルが必要になると思いますか？

必要なスキルは、「表現力」、「拡散力」、「取材力」、「人脈」、「企画力」、の五つです。

まず「表現力」として、動画のスキルや知識は必須になるでしょうね。そのうえで、どう表現するかが問われるようになる。動画を使うか、音で表すか、ビジュアルにこだわるか。紙の時代よりも表現方法が増えたので、コンテンツに応じて使い分けを考える必要があると思います。それから「拡散力」。かつて、紙は流通網が決まっていたため、つくり手は流通経路まで考える必要はありませんでした。でも今は、フェイスブックで呼びかけるか、メルマガで届けるか、大型サイトで配信するか、流通の知識がないと答えが見出せない時代になりました。「取材力」は、まだ知られていない新たな事実を見つける力。「人脈」は、記事を書いてもらいたい著名人にアプローチをする力。「企画力」は、一つの事象に対してさまざまな切り口から考える力です。

ちなみに「表現力」と「拡散力」は、意識さえしていれば自力で磨くことができます。でも、残りの三つはちょっとした努力では身に付かない。長く積み重ねてやっと手にできる力です。紙もウェブも関係なく、この三つが、昔も今も変わらない良い編集者の条件なんです。だからこそ私は、**新聞社の記者や出版社の編集者は、普遍的な能力を持っていると思っています。**

――佐々木さんはこれから、「ニューズピックス」をどういうメディアにしようと考えているのでしょうか？

「ニューズピックス」を、今までにない、新たな記者の就職先にしたいと思っています。最近、記者や編集者を目指す大学生から「新聞や雑誌は古い」「未来がない」という声を聞きます。また一方で、「Ｙａｈｏｏ！」や「ＬＩＮＥ」のようなコンテンツをつくるのではなく、場を提供するプラットフォーム型のメディアも、なんだか違う、と感じているようです。そうなると、新しい時代に適応したコンテンツづくりをしたい人たちの行き場がなくなってしまうんです。それは業界にとっても良くないことです。だから、「取材力」と「人脈」と「企画力」が存分に発揮できて、「表現力」と「拡散力」が学べる。しかもちゃんと稼げる（笑）。そういう場所をつくり、日本のメディアを活性化させたいと思っています。みなさんの挑戦を、お待ちしています！

中川淳一郎

編集は、才能もなければ、
美人でもイケメンでもない人が、
一攫千金狙える仕事。

出版社に入社しなかったから編集者になれた人

撮影当日は強風でした

ケロジャパン　中川《なかがわ》　淳一郎《じゅんいちろう》

1973年生まれ。東京都出身。ライター、編集者、PRプランナー。一橋大学商学部卒業後、博報堂に入社。コーポレートコミュニケーション局で企業のPR業務を請け負う。2001年に退社し、しばらく無職となったあとフリーライターになり、その後「テレビブロス」編集者に。企業のPR活動、ライター、雑誌編集などを経て「NEWSポストセブン」などさまざまな、ネットニュースサイトの編集者となる。著書に『ウェブはバカと暇人のもの』（光文社新書）『内定童貞』（星海社新書）など。

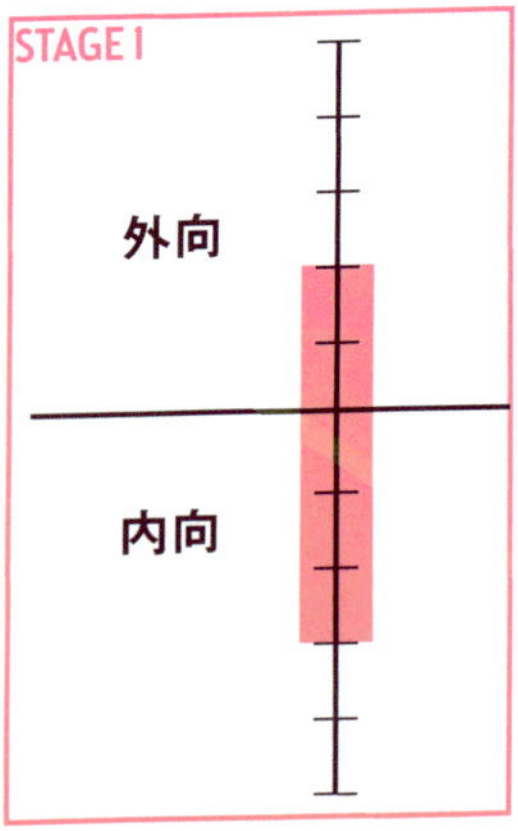

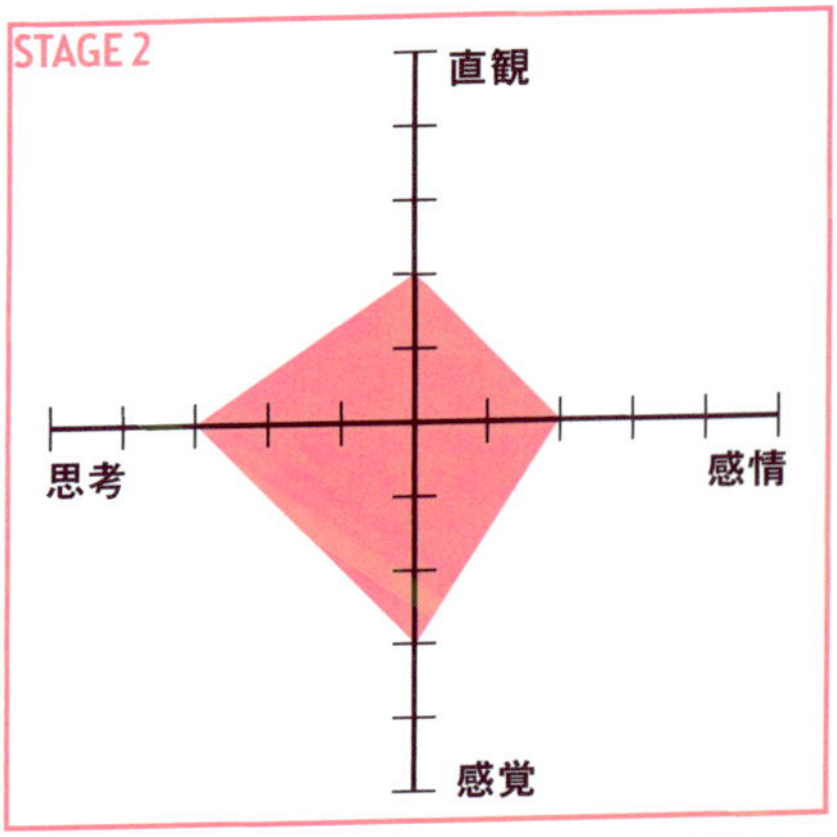

内向的思考感覚バランスタイプ

ユング心理類型判定スケール（Jungian Scale for Typology, JUSTY）

氏名 中川 淳一郎

自分により当てはまると思う方に"○"をつけてください。

	◀◀◀◀◀◀◀◀◀◀◀◀◀			▶▶▶▶▶▶▶▶▶▶▶▶▶
設問1	現実の成り行きを考えていることが多い		○	気がつくとよく空想している
設問2	実用書やノンフィクションを好む	○		スピリチュアルな本やファンタジー小説を好む
設問3	人に会うとまず服装や顔色に注意が向く	○		人に会うとまず人柄や気分に注意が向く
設問4	夢は現実の断片からできていると思う		○	夢は現実を超えたものだと感じる
設問5	大勢で協力して取り組む作業を好む		○	ひとりでじっくり取り組む作業を好む
	A→		○	←B

Aが多い場合は、自分により当てはまると思う方に"○"をつけてください。

	◀◀◀◀◀◀◀◀◀◀◀◀◀			▶▶▶▶▶▶▶▶▶▶▶▶▶
設問6	客観的な裏づけにもとづいて行動する			流行への関心が強い
設問7	現実的な利益や成果を重視する			愛情や友情を優先する
設問8	自分の基準が周囲の基準だと思っている			周囲の基準が自分の基準だと思っている
設問9	積極的な組織運営にたけている			調和的な人間関係を大切にする
設問10	見聞が広がるのがうれしい			交友関係が広がるのがうれしい
	C→			←D

	◀◀◀◀◀◀◀◀◀◀◀◀◀			▶▶▶▶▶▶▶▶▶▶▶▶▶
設問11	感動できる音楽や絵画を探し求める			音楽や絵画からインスピレーションをもらう
設問12	面倒なことは後回しにする			変化の乏しい状況にはすぐ退屈する
設問13	人を楽しませるのがうまい			人から信奉されることがある
設問14	気候や天候で体調を左右されやすい			諸々の状況の今後の成り行きがピンとくる
設問15	観察力があると思う			ツキや運があると思う
	E→			←F

Bが多い場合は、自分により当てはまると思う方に"○"をつけてください。

	◀◀◀◀◀◀◀◀◀◀◀◀◀			▶▶▶▶▶▶▶▶▶▶▶▶▶
設問6	自分の意見に隙がないよう考え抜く	○		つねに自分の情緒の揺れ動きを気にしている
設問7	まずは距離を置いて懐疑的にものごとを見る	○		良心的で忍耐強い
設問8	抽象的な論理によって判断する		○	内心での好き嫌いが激しい
設問9	考えを批判されると執拗に反論したくなる		○	本音を隠して守ろうとする
設問10	人によく皮肉を言う	○		人の言動によく傷ついている
	G→			←H

	◀◀◀◀◀◀◀◀◀◀◀◀◀			▶▶▶▶▶▶▶▶▶▶▶▶▶
設問11	経験のない悩みの相談には答えにくい	○		経験のない悩みの相談でも核心部分がわかる
設問12	夢は現実に近い展開をすることが多い	○		夢は劇的な展開をすることが多い
設問13	記憶が事実とくいちがうことが多い		○	思い込みでわかった気になっていることが多い
設問14	小説中の複雑な血縁関係の理解には家系図がほしくなる		○	小説中の複雑な血縁関係を理解するのに苦労はない
設問15	ドラマは目の前の場面を追って見ている	○		ドラマはすぐに先の筋がわかる
	I→			←J

「NEWSポストセブン」をはじめ、さまざまなニュースサイトの編集長を兼任する中川さん。ウェブ編集者という「職業」を確立した立役者と言っても過言ではありません。新卒で博報堂に入社し、4年で退社、無名のライターから、一大ニュースサイトの編集長となった、その道のりはどのようなものだったのでしょうか。中川さんといえば、自分の年収を平気で打ち明けたり、ツイッターでは過激な発言したり、その言動にいつも注目が集まっていますが、今回の取材では、いつもの言動から受ける印象とは裏腹に、学生に向けた、熱くて心優しいメッセージをいただくことができました。

―中川さんといえば、失礼ながら過激な発言も多い印象がありますが、ご自身の発言や記事が反響を呼ぶことについてどう思われますか？

実は前に出ることが苦手で、基本的には目立ちたくないと思っています。ツイッターのアイコンも、顔は出していないですし（笑）。俯瞰的に俺の文章を読んでみてください。自分自身や家族のことは書いてないんですよ。それに過激な発言と言っても、真面目に仕事をしているだけなんですけどね。ネットで読まれる記事をつくるっていう仕事です。

―記事を書くときに意識していることはありますか？

ネットって、特に匿名で発言できる場合、自分が特定されないから、圧倒的に上の立場から発言できるんですけど、実はそこにもルールがあります。子どもや老人を悪く言ってはいけない。当たり前ですが、社会的弱者への差別的な発言は、ネットの中でも批判されます。何をどこまで発言していいか、誰にも迷惑をかけない記事は何か、編集者にとって、そこを見極めることは非常に重要です。どんな仕事もお客さんが第一。ネットで炎上すると、お客さんに迷惑がかかりますよね。だからどんな内容にも、配慮と意図が必要です。俺が編集者やライターを養成する講座などで年収を公開しているのも、意図があってのことです。だってみんなが一番、知りたいところだと思っていることでしょ。俺には大企業の編集者と違って会社を背負っていないから、失うものが少ない。責任をとるのは自分の名前だけ。そんなポジションだからこそ、俺にしか言えないことがあると思っています。

—目立つことが嫌いということですが、小さいころはどんな子どもだったんですか？

とにかく数字が大好きな子どもでした。小学校のときは、新聞に載っていたプロ野球の打撃成績を覚えて学校に行くことが日課で。打率を見ることが好きだったんです。クラス対抗の野球チームを仮想して、1番から9番まで友だちの名前を並べて、打率を考えてました。全部数値化して遊ぶっていう一人遊びなんですが、数字の紙を眺めることが、楽しくてしかたなかった。別に友だちがいなかったわけじゃないですよ（笑）。

—数学の道には進まれなかったんですね。

そうですね。大学は一橋に進学しました。それで、3年からプロレス部に入部したんです（笑）。プロレス部に常見陽平という、それは面白い人がいたので、仲良くなりたくて。不純な動機でしたが、すぐにプロレスにも夢中になりました。狭い世界の中で、成功体験を得られたんですよ。**一橋で「一番馬鹿をやっている面白いやつ」っていう成功体験**。一橋は、1学年1000人ほどしかいないし、真面目な人が多いんですよ。そんな大学でプロレスやってるやつは、まあ目立ちます。間違ってはいけないのは、「一橋の中」で、プロレスをやったことに意味があるということです。会計や法律で勝負していたら、おそらく負けていたと思います。同じプロレスでも、早稲田と勝負したら面白さでも負けたと思うんです。何かに一番になりたかったら、たとえ馬鹿をやるにも、「勝てるにはどうしたらいいだろう」ってことから考えるべきだと学びましたね。

—プロレス好きの大学生が、いつから編集者になりたいと思い始めたのでしょうか?

就職活動のときです。出版業界をどうしたいとか、深く考えていたわけではありませんでした。椎名誠さんが好きで、好きな作家と会いたいと思ったくらいで。でも、とても入れなかった。当時の**俺には、小論文800字のエントリーシートを、書ける気がしなかった**んです。これはダメだと思ってからは、結局どの出版社も一切受けませんでした。それで博報堂に入社しました。でも、徐々に「この会社に向いてない」と思うようになったんですよね。仕事は面白かったけど、博報堂の中の俺は、ただの中間業者でしかなかった。上から来たものを下に流すだけの仕事をしているうちに、いわゆる「窓際族」のおじさんを横目に、自分の将来を見た気がしました。ここでは、俺はどうやっても出世できないと。そのときは貯金と投資で結構な財産があったこともあって、この際やめることにしました。

三木一馬

野望は作品の世界展開！
か弱いヒロインも、屈強なヒロインも、
世界にウケるノウハウはすでに僕の掌中にある。

累計6000万部の
ラノベを売った人

株式会社ストレートエッジ　代表取締役
編集者　三木《みき》一馬《かずま》

1977年生まれ。上智大学を卒業後、2000年メディアワークスに入社。電撃文庫編集部にて『とある魔術の禁書目録』（鎌池和馬）、『ソードアート・オンライン』（川原礫）、『灼眼のシャナ』（高橋弥七郎）、『魔法科高校の劣等生』（佐島勤）、『俺の妹がこんなに可愛いわけがない』（伏見つかさ）などベストセラー小説シリーズの企画・編集を多数担当する。KADOKAWAアスキー・メディアワークス事業局 電撃文庫編集部編集長、電撃文庫MAGAZINE編集部編集長を歴任。2016年4月に独立し、株式会社ストレートエッジを設立する。

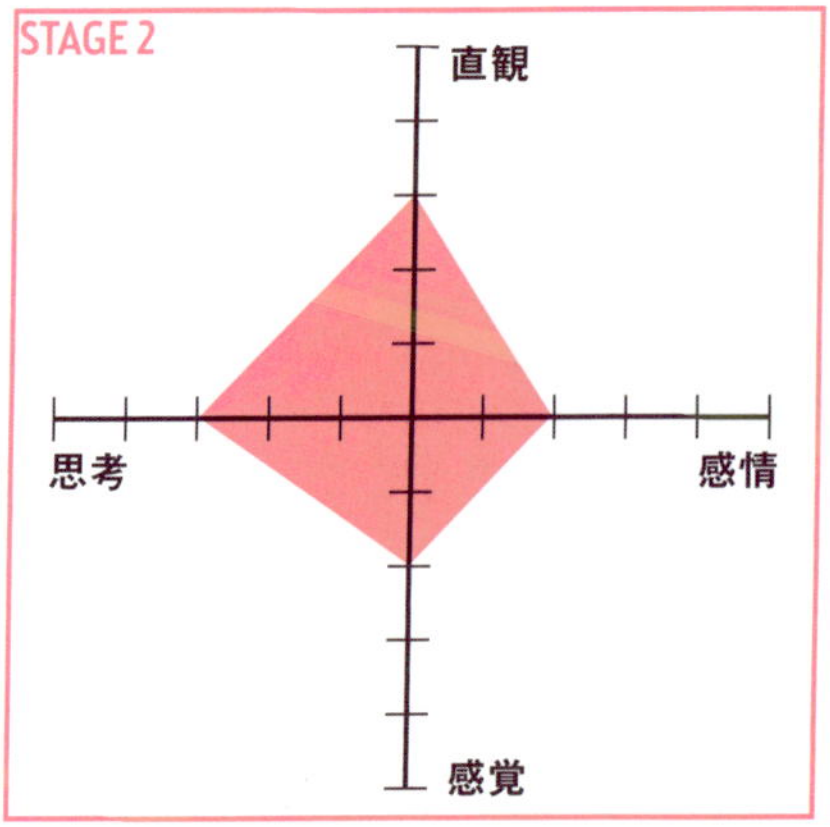

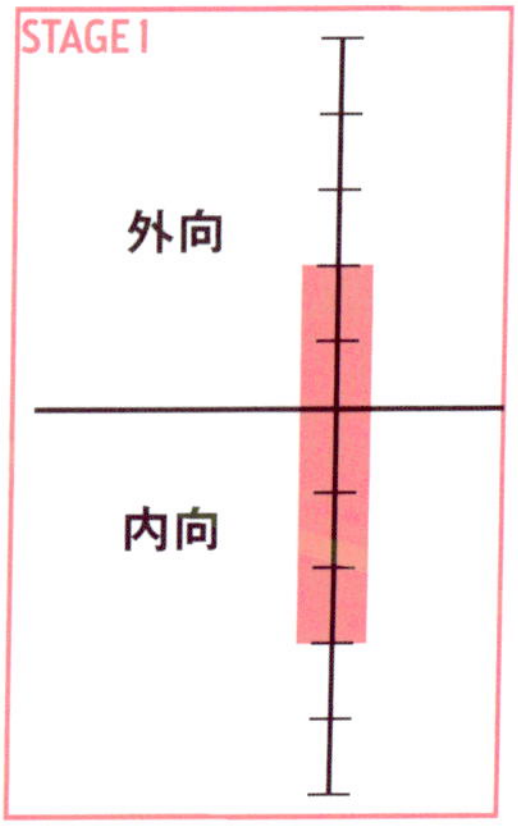

内向的思考直観バランスタイプ

ユング心理類型判定スケール（Jungian Scale for Typology, JUSTY）

氏名　三木一馬

自分により当てはまると思う方に"○"をつけてください。

	◀◀◀◀◀◀◀◀◀◀◀◀			▶▶▶▶▶▶▶▶▶▶▶▶
設問1	現実の成り行きを考えていることが多い		○	気がつくとよく空想している
設問2	実用書やノンフィクションを好む	○		スピリチュアルな本やファンタジー小説を好む
設問3	人に会うとまず服装や顔色に注意が向く	○		人に会うとまず人柄や気分に注意が向く
設問4	夢は現実の断片からできていると思う		○	夢は現実を超えたものだと感じる
設問5	大勢で協力して取り組む作業を好む		○	ひとりでじっくり取り組む作業を好む
	A→			←B

Aが多い場合は、自分により当てはまると思う方に"○"をつけてください。

	◀◀◀◀◀◀◀◀◀◀◀◀			▶▶▶▶▶▶▶▶▶▶▶▶
設問6	客観的な裏づけにもとづいて行動する			流行への関心が強い
設問7	現実的な利益や成果を重視する			愛情や友情を優先する
設問8	自分の基準が周囲の基準だと思っている			周囲の基準が自分の基準だと思っている
設問9	積極的な組織運営にたけている			調和的な人間関係を大切にする
設問10	見聞が広がるのがうれしい			交友関係が広がるのがうれしい
	C→			←D

	◀◀◀◀◀◀◀◀◀◀◀◀			▶▶▶▶▶▶▶▶▶▶▶▶
設問11	感動できる音楽や絵画を探し求める			音楽や絵画からインスピレーションをもらう
設問12	面倒なことは後回しにする			変化の乏しい状況にはすぐ退屈する
設問13	人を楽しませるのがうまい			人から信奉されることがある
設問14	気候や天候で体調を左右されやすい			諸々の状況の今後の成り行きがピンとくる
設問15	観察力があると思う			ツキや運があると思う
	E→			←F

Bが多い場合は、自分により当てはまると思う方に"○"をつけてください。

	◀◀◀◀◀◀◀◀◀◀◀◀			▶▶▶▶▶▶▶▶▶▶▶▶
設問6	自分の意見に隙がないよう考え抜く	○		つねに自分の情緒の揺れ動きを気にしている
設問7	まずは距離を置いて懐疑的にものごとを見る	○		良心的で忍耐強い
設問8	抽象的な論理によって判断する		○	内心での好き嫌いが激しい
設問9	考えを批判されると執拗に反論したくなる		○	本音を隠して守ろうとする
設問10	人によく皮肉を言う	○		人の言動によく傷ついている
	G→			←H

	◀◀◀◀◀◀◀◀◀◀◀◀			▶▶▶▶▶▶▶▶▶▶▶▶
設問11	経験のない悩みの相談には答えにくい	○		経験のない悩みの相談でも核心部分がわかる
設問12	夢は現実に近い展開をすることが多い	○		夢は劇的な展開をすることが多い
設問13	記憶が事実とくいちがうことが多い		○	思い込みでわかった気になっていることが多い
設問14	小説中の複雑な血縁関係の理解には家系図がほしくなる		○	小説中の複雑な血縁関係を理解するのに苦労はない
設問15	ドラマは目の前の場面を追って見ている		○	ドラマはすぐに先の筋がわかる
	I→			←J

出版不況の中、累計6000万部のライトノベルを売り上げた伝説の編集者がいます。それが三木さんです。金額にすると360億円以上。なんと毎年市場の10％以上を一人で売り上げていることになります。書籍から、アニメ化、マンガ化と、コンテンツの多面展開にも成功してきた三木さんが、次に目指すのは「世界だ！」そうです。意気揚々と語る三木さんは、まるでファンタジー小説に出てくる勇者のよう。その武勇伝をお聞きしました。

―ライトノベルの編集者としてご活躍ですが、昔から本はお好きでしたか？

実は、**この世界に入るまで、まともに本を読んだことがほとんどなかったんです。**読んでいたのはマンガくらい。学生のころはとにかく音楽が大好きで、とくにＮＯＦＸというカリフォルニアのパンクバンドにはまっていました。でも、当時は今ほどインターネットが発達していなかったので、情報が枯渇していて。だから海外の記事を見つけては、スラング辞書を片手に、受験勉強レベルの英語力で、必死に翻訳しては、記事を読んでいました。しかも、せっかく翻訳したので、その記事をみんなで共有できるように、自分のウェブサイトをつくって、勝手に公開してましたね（笑）。そうしたら、どんどんアクセス数が増えて、ヤフーの公式リンク集にも取り上げられたんですよ！　しかも、その活動を本国のレーベルにメールで送ってみたら、後日レーベルサイドからグッズが送られてきたのを覚えています。

―すでに、編集者の片鱗が見えますね（笑）。編集者になろうと思ったきっかけを教えてください。

僕は大学が理系の学部だったので、同級生は一流企業のエンジニアを目指す人が多かったんですが、自分にはそういう**お堅い会社で長年働いていくのは、とても無理だ**と思ってました。だったら人生一度きり。自分の好きな音楽やマンガを世に送り出す仕事がしたくて、出版社を受けてみようと思ったんです。そして唯一受かったのがメディアワークス（現ＫＡＤＯＫＡＷＡアスキー・メディアワークス）だったんです。

――本をあまり読まれて来なかったそうですが、いきなり本の編集者になることに不安はなかったですか？

それが全くなかったんですよね。だってこれから勉強すればいい。本が好きだから編集がうまいとは限らないし、とにかく初めは見よう見まねでやってみようと思ってましたから。

よく入社してすぐに「仕事内容がイメージと違った」とやめる人がいますけど、僕、その考え方が全く分からないんですよ。だって初めは何もできないし、何も分からないじゃないですか。学校で習ったことなんて、ほとんど使えないんだから、順応性と適応能力で、どうやって結果を出していくかが勝負だと思うんです。**向いてるかどうかなんて、結果を出せるくらい仕事をしてみないと絶対に分からない**。

――三木さんは、実際に編集者になってみて、どう思いましたか？

最初は苦労しました。本をつくる上で一番重要な作家との打ち合わせは、多くの場合クローズドな空間で行われるので、他の編集者を見て覚えることができなかったんです。子どものころにマンガで、マンガ家と編集者の話を読んだことがあったので、漠然と編集者は原稿について意見を言う仕事だとは認識はしていました。だから作家から送られてきた原稿に一生懸命に自分の意見を書き足して打ち合わせに臨んでみるんですけど、でも、そのときに書いていることは、僕の〝感想〟でしかないんですよ。なので、「こうした方がいいんじゃないか？」と言っても、当然作家さんは「何でですか？」と聞いてくるんです。でも僕の中では、その理由が「何となく」でしかなくて、答えられなかった。それでは作家さんには伝わらないですよね。

数学って答えは一つですけど、創作は、僕の意見も、作家の意見も、どちらも正しいかもしれないし、正しくないかもしれない。ただ、僕の意見が全く反映されずに、そのまま原稿は成立して本として発売されてしまったとなると、僕の存在意義ってないですよね。むしろ余計な時間を取らせた分、マイナスかもしれない。このままじゃダメだと思いましたね。

—どうやって乗り越えたんですか？

どうやったら僕の意見を聞いてくれるか、しっかり考えました。ロジカルに説明した方がいいのか、もしくは感情に訴えかけたほうがいいのか、突拍子もないシュールなことを言えばいいのか。試行錯誤の連続でした。そのうち、だんだんと「直して良くなった」「面白くなった」という声もちらほら出てきて、**編集者は「自分はこれが正しいと思う」という意見をはっきり持っていないとダメ**だということが分かりました。転機は作家の高橋弥七郎さんと一からつくった『灼眼のシャナ』が大ヒットしたことですね。初めて「自分は間違ってなかった」と自信が持てました。ただ、僕は配属されたところがライトノベルの部署で本当に良かったと思います。もし、初めに入った部署が、大物作家の先生に「玉稿賜ります」的なお堅いところだったら、絶対にすぐクビになっていたと思いますよ。だって、大物作家さんにド素人のときから失礼なことを言ってしまって、とりかえしのつかないことになっていたと思いますから。

—2016年4月に独立されたとお聞きしました。その理由を教えてください。

今までは出版社という組織ではたらく編集者だったので、どうしても会社の利益を優先するジャッジをすることが多かったんです。でも本当は、作家のために判断したいことや、作品単体のために、もっと良いやり方があるのでは、という思いがありました。あと、最後は編集長という管理職を任されていたわけですが、これが自分に向いていないという事実がありまして（汗）。プレイヤーとしては一応頑張れた自負はあったのですが、マネージャーとしてはあまり役に立ちませんでした。新しく立ち上げた「ストレートエッジ」という会社は、作家のエージェント会社です。作品自体に寄り添い、その質を上げることで「作家」「出版社」「エージェント」すべての利益が上がるのが将来の理想像です。

—仕事の面白さについて教えてください。

小説って、テレビやゲームに比べて作品をつくるのにコストがかからないんです。それに小説で良いものができれば、マンガ化、アニメ化、ゲーム化と波及していく。さまざまなエンターテイメントの元になる**コンテンツが、安く、しかも作家と編集者の二人だけの承認でできるのがいい**ですよね。

僕の次なる野望は、作品を世界展開していくこと。これは絶対やり遂げますので！

頑張りますので期待していてください！

――すでに『ソードアート・オンライン』など海外でも有名な作品を生み出されていますが、日本と海外で反応の違いはありますか？

アジアは日本と一緒ですね。でもアメリカやヨーロッパは全然違います。たとえば、アジアはハーレム系が認められるんです。主人公の男に対して、複数のヒロインが好意を持っていて、誰にするかの答えを出さずに現状維持する……これはアメリカ人は嫌うんです。あと、日本のコンテンツでは、囚われのヒロインみたいな話が多いんですけど、アメリカではヒロインが活躍しないとダメですね。以前、『ソードアート・オンライン』で、ヒロインのアスナが鳥かごに囚われる話があったんですけど、反論意見が多かったです。「なんでアスナが戦わないんだ！」「あいつは戦えるだろ！」って（笑）。

もう一つの大きな違いは、市場の規模です。特に**ハリウッドは、映像化の候補に入るだけで何百万円ももらえたりします**。もし映像化にいたらなくても、それだけでビジネスになります。でも今の仕組みだと、ハリウッドの監督やプロデューサーに届くまでに、何人もの仲介が入るので、なかなか決まらない。なので僕は今、監督やプロデューサーに近いところに直接売り込む方法を模索中です。

――これから編集を志す学生に向けて一言お願いします！

まず、この出版不況の中で編集者になろうって時点でどうかしてると思います。今までの編集者は、出版社、レーベル、作家について仕事をしていましたが、これからはそれではやっていけない。**たくさんの人に面白いと思ってもらって、同時につまらないとも思ってもらうこと**。つまりいかに話題にしてもらうかを、もっと広い視野で考えなくてはいけません。作家と膝をつき合わせて良い作品をつくって、「おしまい」という仕事ではなくなってきています。一方で、創作からプロモーションまで、あらゆることを仕切れて、自分が思った通りの世界を構築できる仕事って、なかなかないと思います。だからこそ、それを成し遂げたときの影響力の凄さも直に感じることができるんです。一回しかない人生で、自分の存在した証を残すことにもなると思うので、その意味で「編集者」という仕事は、純度が高くて、とてもやりがいのある仕事です。そういうことをやりたい人は、編集者になりましょう！

宮澤正之

海外翻訳の仕事は鉱脈探しみたいなもの。
まだ掘ってないところに
眠っている宝がある。

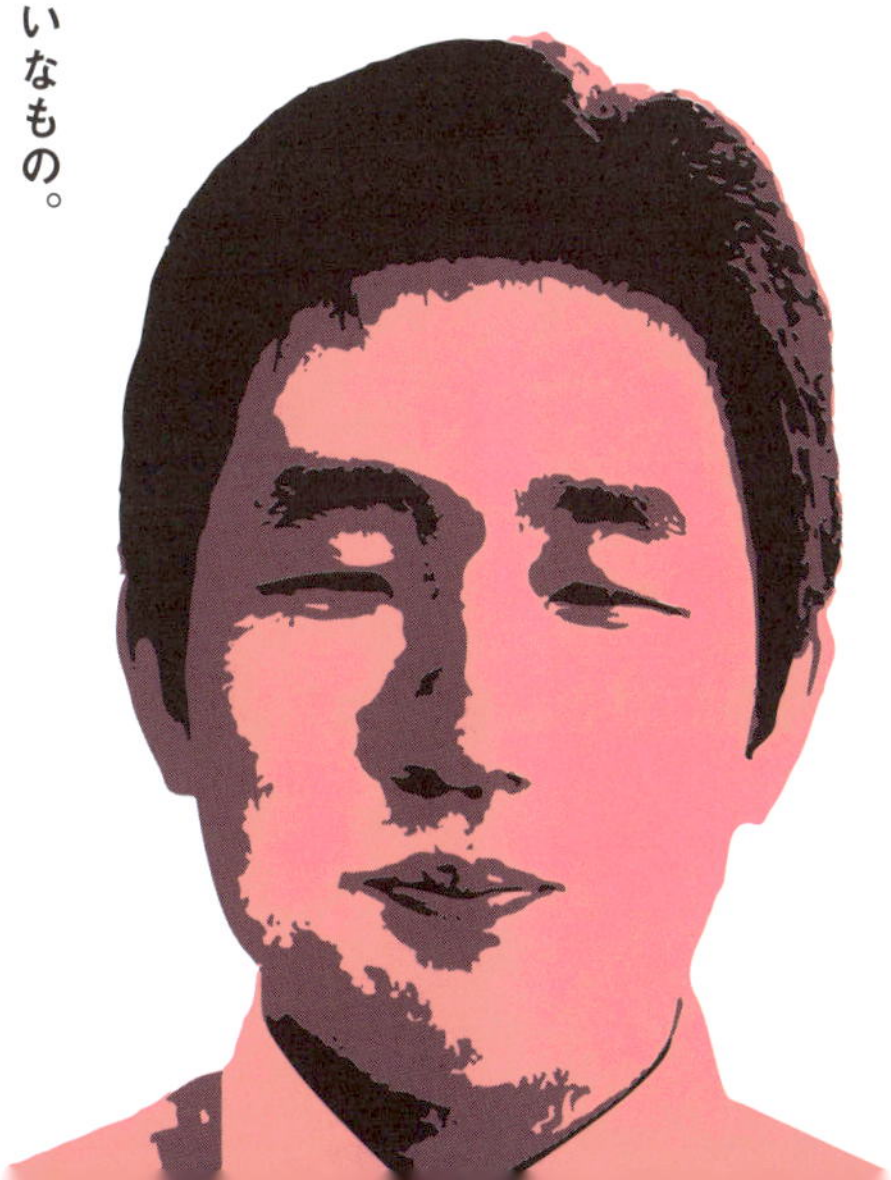

100冊から、1冊を探し出す本の探偵

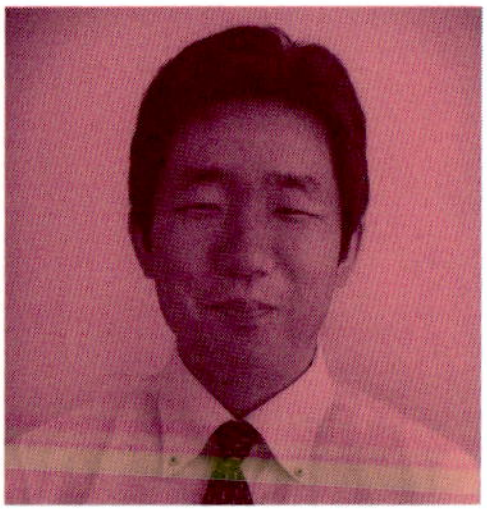

株式会社東京創元社
編集部 兼 Web事業準備室
主任 宮澤《みやざわ》 正之《まさゆき》

1979年生まれ。東海大学文学部卒業後、2004年東京創元社に入社。入社以来一貫して翻訳ミステリ担当編集者として勤務。主な担当作家・作品に『冬のフロスト』（ウィングフィールド）、『エアーズ家の没落』（ウォーターズ）、『死ぬまでお買物』（ヴィエッツ）、〈国名シリーズ〉新訳版（クイーン）、『最高の銀行強盗のための47ヶ条』（クック）、〈主婦探偵ジェーン〉シリーズ（チャーチル）、『冬そして夜』（ローザン）、『ペナンブラ氏の24時間書店』（スローン）など。

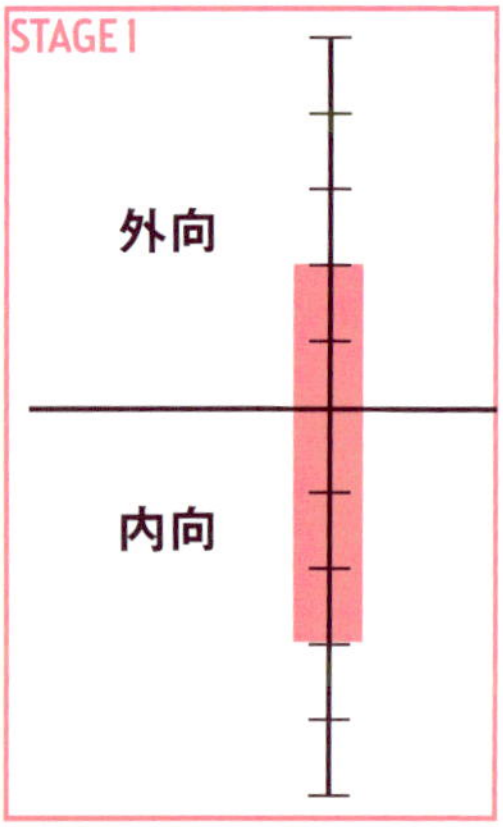

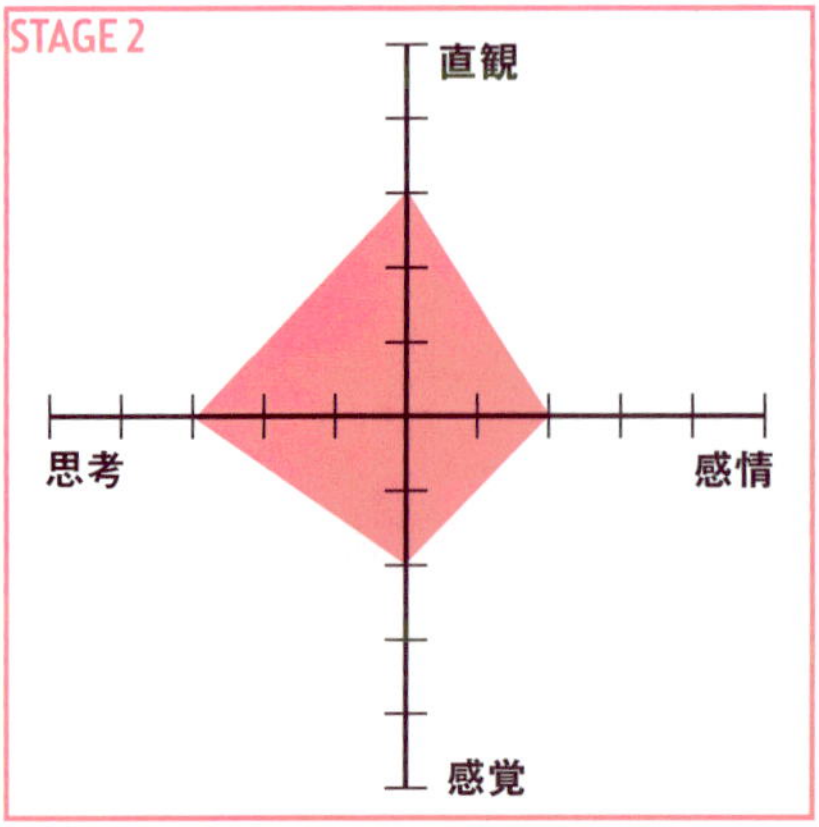

内向的思考直観バランスタイプ

ユング心理類型判定スケール（Jungian Scale for Typology, JUSTY）

氏名　宮澤正之

自分により当てはまると思う方に"○"をつけてください。

	◀◀◀◀◀◀◀◀◀◀◀◀			▶▶▶▶▶▶▶▶▶▶▶▶
設問1	現実の成り行きを考えていることが多い	○		気がつくとよく空想している
設問2	実用書やノンフィクションを好む		○	スピリチュアルな本やファンタジー小説を好む
設問3	人に会うとまず服装や顔色に注意が向く		○	人に会うとまず人柄や気分に注意が向く
設問4	夢は現実の断片からできていると思う	○		夢は現実を超えたものだと感じる
設問5	大勢で協力して取り組む作業を好む		○	ひとりでじっくり取り組む作業を好む
	A→		○	←B

Aが多い場合は、自分により当てはまると思う方に"○"をつけてください。

	◀◀◀◀◀◀◀◀◀◀◀◀			▶▶▶▶▶▶▶▶▶▶▶▶
設問6	客観的な裏づけにもとづいて行動する			流行への関心が強い
設問7	現実的な利益や成果を重視する			愛情や友情を優先する
設問8	自分の基準が周囲の基準だと思っている			周囲の基準が自分の基準だと思っている
設問9	積極的な組織運営にたけている			調和的な人間関係を大切にする
設問10	見聞が広がるのがうれしい			交友関係が広がるのがうれしい
	C→			←D

	◀◀◀◀◀◀◀◀◀◀◀◀			▶▶▶▶▶▶▶▶▶▶▶▶
設問11	感動できる音楽や絵画を探し求める			音楽や絵画からインスピレーションをもらう
設問12	面倒なことは後回しにする			変化の乏しい状況にはすぐ退屈する
設問13	人を楽しませるのがうまい			人から信奉されることがある
設問14	気候や天候で体調を左右されやすい			諸々の状況の今後の成り行きがピンとくる
設問15	観察力があると思う			ツキや運があると思う
	E→			←F

Bが多い場合は、自分により当てはまると思う方に"○"をつけてください。

	◀◀◀◀◀◀◀◀◀◀◀◀			▶▶▶▶▶▶▶▶▶▶▶▶
設問6	自分の意見に隙がないよう考え抜く	○		つねに自分の情緒の揺れ動きを気にしている
設問7	まずは距離を置いて懐疑的にものごとを見る	○		良心的で忍耐強い
設問8	抽象的な論理によって判断する		○	内心での好き嫌いが激しい
設問9	考えを批判されると執拗に反論したくなる		○	本音を隠して守ろうとする
設問10	人によく皮肉を言う	○		人の言動によく傷ついている
	G→	○		←H

	◀◀◀◀◀◀◀◀◀◀◀◀			▶▶▶▶▶▶▶▶▶▶▶▶
設問11	経験のない悩みの相談には答えにくい	○		経験のない悩みの相談でも核心部分がわかる
設問12	夢は現実に近い展開をすることが多い	○		夢は劇的な展開をすることが多い
設問13	記憶が事実とくいちがうことが多い		○	思い込みでわかった気になっていることが多い
設問14	小説中の複雑な血縁関係の理解には家系図がほしくなる		○	小説中の複雑な血縁関係を理解するのに苦労はない
設問15	ドラマは目の前の場面を追って見ている		○	ドラマはすぐに先の筋がわかる
	I→		○	←J

中学生のころからの、筋金入りのミステリファン。宮澤さんは「推理小説と言えば創元推理文庫」と言われる出版社で、王道海外ミステリ翻訳の伝統を引き継ぐ編集者です。今まで、翻訳本を読んだことのない人も、大ファンだという人も、さあ、奥深い海外文学の世界へお連れしましょう。

―筋金入りのミステリファンだとお聞きしました。

小さいころから読書が好きで、小学生のころにシャーロック・ホームズを読んで、「これは面白い」と思ってからは、さらにミステリを読みあさるようになりました。中学の1年か2年くらいだったかな。『ミステリーベスト100』みたいな本を買って、子どもだから、片っ端から読んでやろうと思うわけです。さすがに全部は読破できませんでしたが、自分にはどうやら海外の作品の方がしっくりくるらしいことが分かってきました。登場人物や舞台も外国ですし、出てくる謎も、日本の作品にはないものがあって、どんどん好きになりました。単純に「外国の本を読んでる俺ってかっこいい」みたいな思いもあったかもしれません（笑）。**一番本を読んでいたときで、月に30冊は読んでいたと思います**。

―世界中の本を読まれていると思いますが、国ごとに小説の特徴ってあったりするんですか？

ありますね。特にフランス。**フランスの人は、考えることがどことなく変ですね（笑）**。登場人物の配置と、話の流れから予想できる展開を、ことごとく裏切ってくるんです。「なんでそっちにいくの?」って(笑)。**あとはドイツや北欧のスウェーデン、デンマーク、ノルウェーからも多くの小説が出版されていますが、全体的に暗めです(笑)**。ベストセラーを見ても、重ため、暗めの作品が多いので、そういうものが好まれるのだと思います。**世界で共通して違うのは、笑いのツボ**。ユーモアを感じるところが違うので、笑わせようとしていても、日本語にすると全く面白くない、なんてことはよくある話です。なるべく原文そのままの雰囲気で訳したいと思っていますが、その点は工夫が必要です。逆に、海外の作品で共通していることは、引用が多いことです。それこそ、ちゃんとした文学だけでなく、歌の歌詞みたいなものがさりげなくはいることが多くて。それをどこまで説明するか、あるいは、あえて説明しないのか、その辺も翻訳の難しさです。

──今注目している国はありますか?

うーん、スペインかな。やっぱり英米の小説は、紹介される数も刊行されている数も圧倒的に多いので常に注目していますが、ずいぶん前にフランスブームがあって、少し前には北欧ミステリブームがあって、ドイツミステリブームと続いて、今一段落してきたので、**次にあるとしたらスペインブームでしょうか**。鉱脈探しみたいなもので、まだ掘ってないまま眠っている宝があるんじゃないかと、違う言語の小説を読んでみたくなります。ただ、言語が珍しくなればなるほど翻訳できる人も少なくなるので……、そこは難しい問題ですね。

―「この本を翻訳しよう！」と思えるような本は、どうやって探しているのでしょうか？

自分で探します。今は世界中の本を、簡単に探せるようになりました。Ａｍａｚｏｎはもちろん、海外の新聞や書評誌の記事もインターネットで読めるので、そこで気になるものは購入して読んでみます。他には、翻訳家さんから「こういう良い本があるから、ぜひやりたい」と持ち込まれたりするものもありますし、著作権エージェントから紹介されることもあります。小説をはじめ、アニメやマンガなどのコンテンツについて、権利者と出版社の間に立って交渉してくれる専門の会社があるんですよ。もちろん、自分が読める量には限界があるので、翻訳者やその卵の方に読んでもらって、内容をまとめてレジュメにしてもらいます。これを「リーディング」といいます。ただ、実際に読んでみると期待はずれだったり、面白いけど、日本ではウケないものだったりすることも多いですね。それに、面白い小説は早い者勝ちなので、著作権を他の出版社に取られてしまったり、交渉がうまくいかなかったりと、**実際に出版できるのは100冊読んだうちの一冊くらい**かな。

―出版されるのは厳選された一冊なんですね。一冊の本ができるまでどのくらい時間がかかるのですか？

一概には言えませんが、どうしても1年はかかります。本を見つけてから、権利を取得して、翻訳者が翻訳する時間、翻訳したものを編集する作業、校正を経て……全部含めるとやっぱり1年はかかるかな。それに為替の影響もあるので、なるべく円高のうちに買っておこうと思っても、海外のエージェントって、日本のエージェントとは全然働き方が違って。**今バカンスだから3週間後に返事する**

ということもザラにあります。こっちが早く買いたいと思っても、話が進まないことがあります（笑）。

―日本と海外でヒットするものに違いはありますか？

それが分かっていたら、苦労しないですよ（笑）。でも、海外はエポックメイキングな作品が出ると、次々に同じような作品が出版される傾向にあります。今だと『ゴーン・ガール』です。爆発的な大ヒットを飛ばして、映画にもなった作品だったので、それ以降、『ゴーン・ガール』の要素を含んだ作品がどんどん出ました。エージェントがすすめる**作品紹介文のほとんどに「ライク・ア・ゴーン・ガール」って書いてあるんです**。ちょっと前までは「ライク・ア・ダヴィンチ・コード」だったんですけどね。じゃあ、そういった作品が全部売れるかっていうと、そうではなくて、見極めが必要です。たとえば、うちの作品は、クラシックなもの、謎解きがしっかりしているもの、あるいはキャラクターが立っているものを伝統的に大切にしていて、読者もそれを期待しているので、そうした作品も続けて出しています。

―一方で、翻訳本って、ずっと人気なものも多いですよね。

はい。海外翻訳編集者にとって、ホームズ、ルパンなどの古典の作品を、新訳して出版するのも大切な仕事です。さすがに50年前のものになると、翻訳もだいぶ古くなっていますし。たとえば、**「固パン」だか「焼きまんじゅう」だったかみたいな訳語があって、原文を見た**

ら「スコーン」だったんです（笑）。そうか、この当時はスコーンが分からなかったのか、と。そういう単語は今のものに合わせて。逆に、たとえば「電報」のような、当時は説明不要でも、今は使う人が少なくなっているものには、噛み砕いた説明が必要です。そうやって新訳を出すと、たとえば、海外ドラマの『シャーロック』が大ブレイクして何度目かのホームズブームが来たときに、新訳の本が売れたりするんです。もともとうちで出していた本の新訳版が出せるっていうのは、大変大きなメリットですし、名作を後世に残すためにも、古典の新訳は手堅くやっていかないといけません。

―海外の著者は日本語を読めないと思うのですが、翻訳はどの程度、出版社の自由にできるのでしょうか？

今は、原文そのままを守る方針です。昔は結構好き勝手に訳していて、ここは退屈だから飛ばそうとか、意味が分からないから飛ばそうとか、今では信じられないことがよくあったらしいんですが（笑）。海外の人には、こちらを信じていただいて。もちろん、本当に一字一句ゆるがずに訳すのではなくて、文章の流れを優先して訳していきます。翻訳に正解はないんです。人によって言うことも違うし、本によっても違います。できるだけ原文で読んだときの感覚と近いものを、日本語で読んだときに読者が感じるように心がけていますが、それはケースバイケースで、想像するしかありません。

―海外の翻訳を扱う編集者としてのやりがいを教えてください。

やっぱり、本の重版が決まったとき。ダイレクトに売れたということが分かりますし。

それだけ多くの人が読んで楽しんでくれたっていうのは、自分の仕事が受け入れられたことなので。あともう一つ、作品を見つける喜びがありますね。それこそ自分が一から見つけた本もありますし、他では読めないものだなと思うと楽しいですよね。それに、ひょっとしたら翻訳モノに限らないかもしれないんですけど、編集をしていて、この文章いいなっていうものにピンポイントで出合ったりするんです。この仕事は自分が面白いと思ったものを、形にできる仕事だと思います。いまだに本ができると、「おお！」とうれしさで思わず声が出ますね。

――まだ海外翻訳ミステリを読んだことがない学生に、ミステリの面白さを伝えるとしたら、どのようにお伝えしますか？

正直、海外翻訳ミステリって、みんながみんな面白いっていうジャンルではなくて、好きな人を選ぶと思います。だからこそハマったときの魅力は強烈なので、まずは食わず嫌いをせず、気になったらなんでも一冊読んでみてほしいです。若者の読書離れ、活字離れと言われて久しいですが、僕は、若者は活字離れしてないと思っています。昔から文字を読むのが好きなのは変わらなくて、それが本なのか、ゲーム内で表示される文章なのか、あるいはネットのニュースなのか、ＳＮＳなのかという話です。何を面白いと思うかは人それぞれですが、文章そのものを面白いと思ってもらえるのは絶対に小説です。いっぱいある読みものの中に、小説という選択肢を入れてほしいと思います。

新井久幸

編集者にとって単行本は、自分の子ども。
この本については自分が一番理解しているって
断言するくらいの覚悟がないと
いい本はできない。

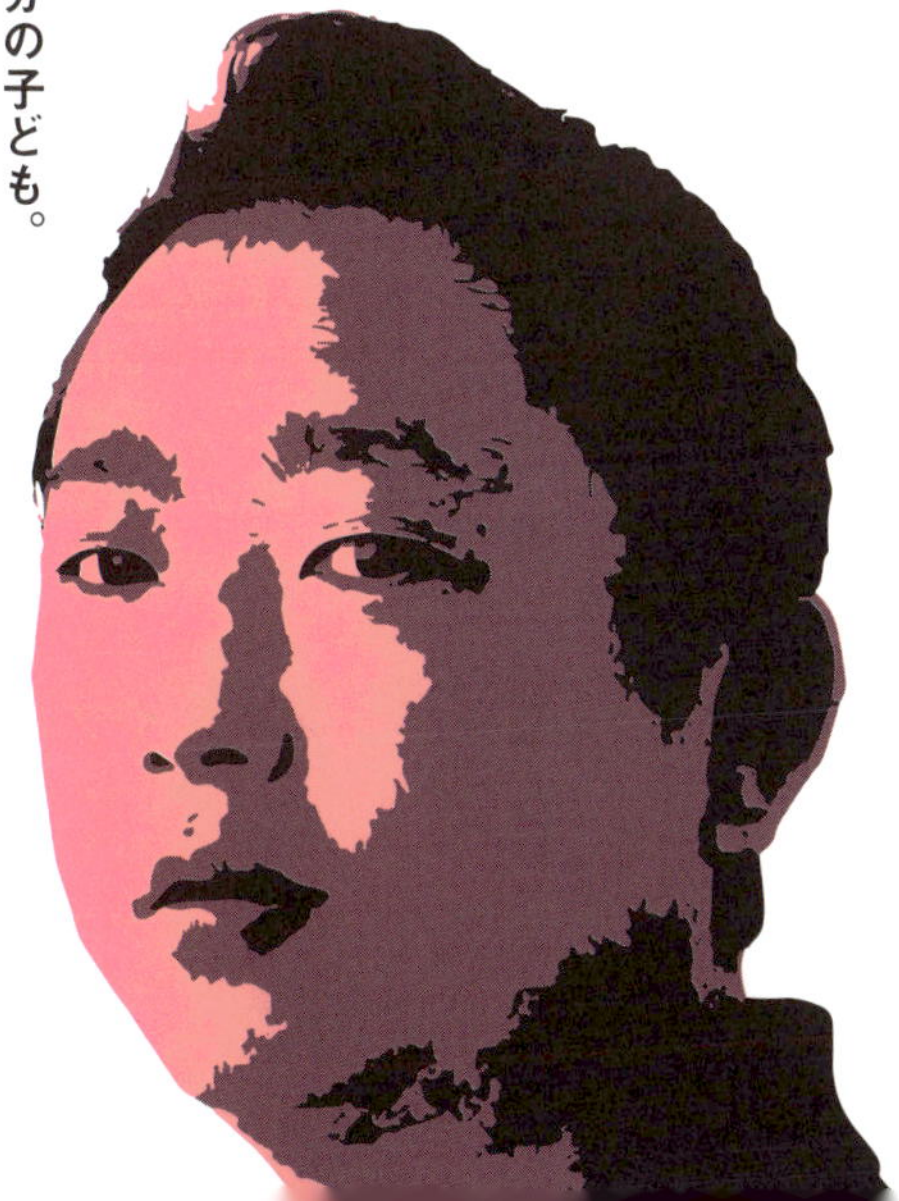

『重力ピエロ』は
僕の、青春

株式会社 新潮社
出版部 文芸第二編集部
編集長 新井《あらい》 久幸《ひさゆき》

1969年生まれ。京都大学を卒業後、1993年に新潮社に入社。「新潮45」編集部を経て出版部へ。12年間単行本の編集を行い、「小説新潮」編集長に就任。2016年4月より出版部文芸第二編集部編集長を務める。主な担当作品は『重力ピエロ』(伊坂幸太郎)、『夜のピクニック』(恩田陸)、『黄泉がえり』(梶尾真治)、『サクリファイス』(近藤史恵)、『向日葵の咲かない夏』(道尾秀介)、『ボトルネック』(米澤穂信)、『真夜中の五分前』(本多孝好)、『StorySeller』シリーズなど。

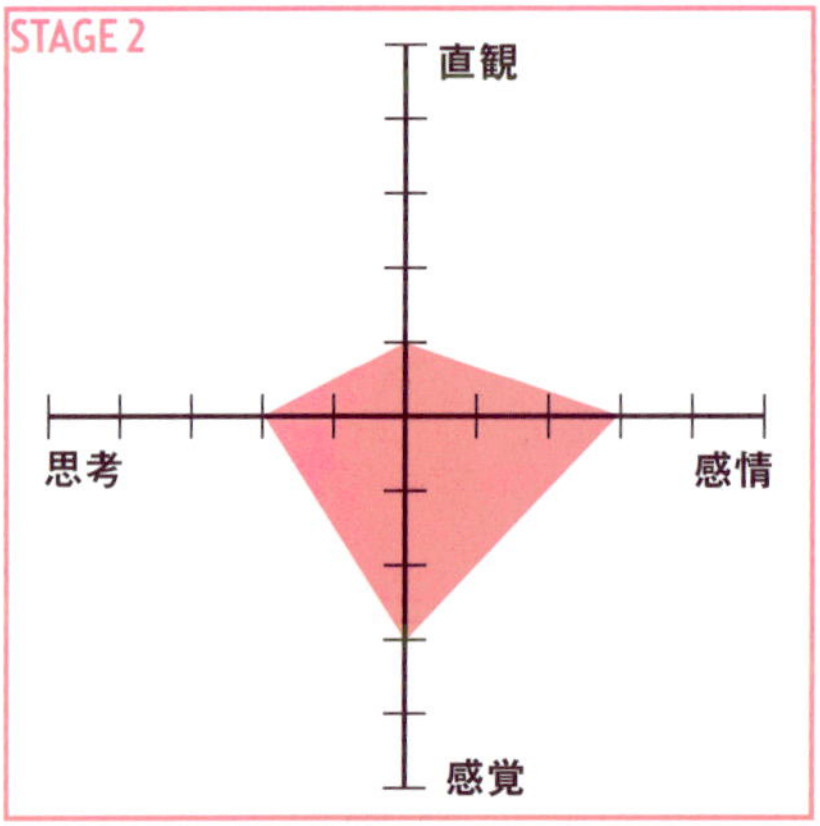

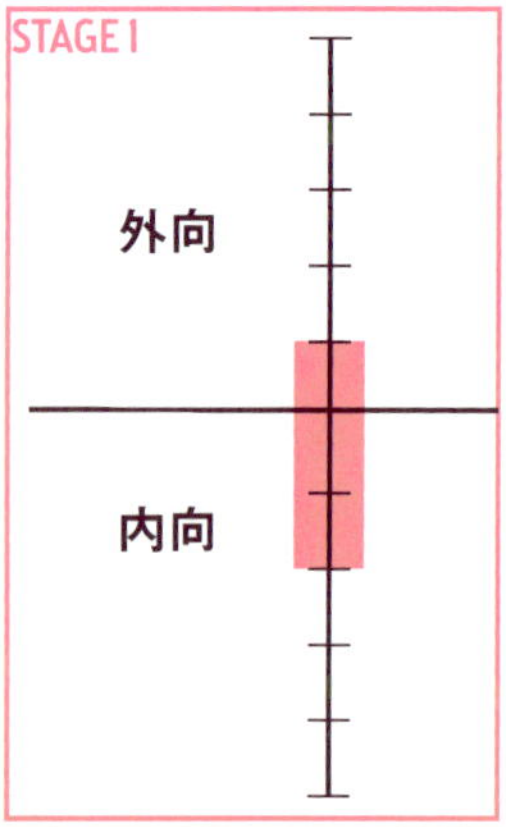

内向的感情感覚バランスタイプ？

両面的な回答があり、判定に影響を及ぼす可能性があります

ユング心理類型判定スケール（Jungian Scale for Typology, JUSTY）

氏名　新井 久幸

自分により当てはまると思う方に"○"をつけてください。

	◀◀◀◀◀◀◀◀◀◀◀◀			▶▶▶▶▶▶▶▶▶▶▶▶
設問1	現実の成り行きを考えていることが多い	○		気がつくとよく空想している
設問2	実用書やノンフィクションを好む			スピリチュアルな本やファンタジー小説を好む
設問3	人に会うとまず服装や顔色に注意が向く		○	人に会うとまず人柄や気分に注意が向く
設問4	夢は現実の断片からできていると思う	○		夢は現実を超えたものだと感じる
設問5	大勢で協力して取り組む作業を好む		○	ひとりでじっくり取り組む作業を好む
	A→		○	←B

Aが多い場合は、自分により当てはまると思う方に"○"をつけてください。

	◀◀◀◀◀◀◀◀◀◀◀◀			▶▶▶▶▶▶▶▶▶▶▶▶
設問6	客観的な裏づけにもとづいて行動する			流行への関心が強い
設問7	現実的な利益や成果を重視する			愛情や友情を優先する
設問8	自分の基準が周囲の基準だと思っている			周囲の基準が自分の基準だと思っている
設問9	積極的な組織運営にたけている			調和的な人間関係を大切にする
設問10	見聞が広がるのがうれしい			交友関係が広がるのがうれしい
	C→			←D

	◀◀◀◀◀◀◀◀◀◀◀◀			▶▶▶▶▶▶▶▶▶▶▶▶
設問11	感動できる音楽や絵画を探し求める			音楽や絵画からインスピレーションをもらう
設問12	面倒なことは後回しにする			変化の乏しい状況にはすぐ退屈する
設問13	人を楽しませるのがうまい			人から信奉されることがある
設問14	気候や天候で体調を左右されやすい			諸々の状況の今後の成り行きがピンとくる
設問15	観察力があると思う			ツキや運があると思う
	E→			←F

Bが多い場合は、自分により当てはまると思う方に"○"をつけてください。

	◀◀◀◀◀◀◀◀◀◀◀◀			▶▶▶▶▶▶▶▶▶▶▶▶
設問6	自分の意見に隙がないよう考え抜く	○		つねに自分の情緒の揺れ動きを気にしている
設問7	まずは距離を置いて懐疑的にものごとを見る		○	良心的で忍耐強い
設問8	抽象的な論理によって判断する		○	内心での好き嫌いが激しい
設問9	考えを批判されると執拗に反論したくなる		○	本音を隠して守ろうとする
設問10	人によく皮肉を言う	○		人の言動によく傷ついている
	G→		○	←H

	◀◀◀◀◀◀◀◀◀◀◀◀			▶▶▶▶▶▶▶▶▶▶▶▶
設問11	経験のない悩みの相談には答えにくい	○		経験のない悩みの相談でも核心部分がわかる
設問12	夢は現実に近い展開をすることが多い		○	夢は劇的な展開をすることが多い
設問13	記憶が事実とくいちがうことが多い			思い込みでわかった気になっていることが多い
設問14	小説中の複雑な血縁関係の理解には家系図がほしくなる	○		小説中の複雑な血縁関係を理解するのに苦労はない
設問15	ドラマは目の前の場面を追って見ている	○		ドラマはすぐに先の筋がわかる
	I→	○		←J

今や人気作家となった、伊坂幸太郎さん。その代表作ともいわれる『重力ピエロ』は、直木賞候補になり、映画化され、小説の新たなスタンダードとなりました。そんな伊坂さんをデビュー時から担当していたのが、新潮社の新井さんです。あまり売れなかった処女作から、伊坂ブランドを確立した現在まで、励まし合って歩み続けた二人の間には、誰にも知られていない、著者と編集者の青春がありました。

――『重力ピエロ』の原稿をもらったときのこと、覚えていますか。

よく覚えていますよ。伊坂さんの地元、仙台で、2作目『ラッシュライフ』の打ち上げをしたんです。そのときに、プリントアウトした原稿を伊坂さんにもらって。「帰りの新幹線で読みますよ！」と言って別れたのに、新幹線で寝ちゃって（笑）。結局、数日後に会社で読みました。読み始めたら止まらなくて、一気に読んですぐに電話したんです。**「僕はこういう小説が読みたかったんです。やっと、その作品に出会えた」**って。

僕は今46歳なんですが、昔から上の世代のある種の考え方には理解できないところがありました。呑む打つ買うが男の甲斐性、とか、アホかと思っていました。酒を飲まなくても、お金を使わなくても、楽しいことはたくさんある。僕らが感じる幸せは、そういうもんじゃないと。でも、上の世代は、こういうことを言っても分かってくれないんです。もっと遊ばなきゃダメだ、とかって。だから、**「お前ら古いんだよ！」っていうのを小説の形で突きつけたかった**。そう思っていたときに『重力ピエロ』を読んだんです。主人公が大事に思っていることを、地の文や台詞でくどくどと説明するんじゃなくて、ちゃんとエピソードに乗せて伝えている。直接書いてはいないけれど、背景からいくつもの悩みが読み取れて、何に重きを置いているのかが分かる作品でした。今はもう、あの作品は今の時代のスタンダードになっているので、ピンと来ないかもしれませんが、あのころは、そういう小説が全然なかったんですよ。

―伊坂さんのデビュー作『オーデュボンの祈り』を読んだときから、そういう、大物になりそうな予感はあったんですか。

いや、それが、最初はよく分からなくて。『オーデュボンの祈り』は、すごく変な話だったんですよ。それで、新人賞の事務局の中でも、「なんかよく分かんないけど、こんな変な話を書く人は将来すごい小説を書くかもしれない」という話になって、最終候補に残すことになりました。新潮社では、最終選考に残った人には、連絡係として担当がつくんです。それで僕が担当になり、デビュー前の伊坂さんに会いました。そのときは「受賞しないかもしれないですけど、また応募してくださいね」っていうような話をして。**最終的に『オーデュボンの祈り』は受賞作に選ばれたんですけど、単行本はあまり売れませんでした。『重力ピエロ』だって、出る前の評判は、必ずしも良くなかったんですよ。**

―ええっ！　あんなに人気で、映画化までされたのに。

そうなんです。最初に読んだとき、僕の中では「これだ！」っていう確信があっただけに、ショックでしたね。でも当時、**「今年はもう、この本を出せればそれでいいです」って会議で言っちゃったんですよね**。演説みたいに。そのあと、小説の良さがよく分かんないって言われたりしましたが、売れりゃあ文句ねぇんだろって（笑）、かえって奮起しました。それで、価格を見直したり、帯にこだわったり、応援してくれたお店にお邪魔したりと、いろんなことをしました。僕が何もしなくても売れたかもしれないし、いい作品だから、きっと売れたと思います。でも、それでも、出る前から「これは絶対売りたい」って思って全力を注いだ作品が売れたことは、編集者としての自信につながっています。

　編集者にとって単行本は、自分の子どもなんですよ。**「この本については自分が一番理解しているから、誰にも文句は言わせない」って断言するくらいの覚悟がないと、著者との信頼関係は生まれないし、いい本にはならない**。「自分はこう思う。だからこの方法がいいんだ」ってやって失敗したら、自分の責任になりますよね。売れても売れなくても、自分の責任。潔くていいでしょ。それをちゃんと自覚するためにも、あえて自分のやり方にこだわるというのは大事だと思います。

――当時、伊坂さんとどんな話をされていたんですか。

　ちょうど『重力ピエロ』が出る直前、「僕はいい歳して青春小説が大好きなんですよね、いまだに」っていう話をしていたんです。確か、二人ともまだ30歳になったばかりくらいで。そのとき、伊坂さんに**「青春ってどういう時期を指すと思いますか？」**って聞かれたんですよ。

どう思います？　ちょっと考えてみてください。

……答え、出ました？　厳密な言い回しは忘れてしまったけれど、「何者かになろうとしてあがいている時期」というようなものでした。何者かになれないと悟って諦めてしまったら、青春は終わり。そして、何者かになってしまっても、青春は終わる。あのころは伊坂さんも僕もまさに青春時代で、この作品をなんとかして世の中に認めさせたいと思って必死だったんです。伊坂さんはそのあと、良くも悪くも何者かになってしまったので、青春時代は終わりました。伊坂幸太郎が何者でもない、とはさすがに言えませんからね。そういう意味では、青春の思い出ですよね。刊行後、作品が評価されて、部数が伸びて、映画化されて。今となっては、『重力ピエロ』にまつわるすべてのことが、ある種の熱気の中で行われていたような気がします。何かに取り憑かれていたような感じで、本当に楽しかった。**編集者として生涯の一冊をあげろと言われたら、間違いなくこの作品を挙げます。それは多分、死ぬまで変わらないと思いますね**。

――映画化されたのは、何かきっかけがあったのでしょうか。

実は**それも、ちょっとした縁があったんですよ**。映画版『重力ピエロ』のスタッフクレジットに「企画・脚本　相沢友子」って入っているんですけど、僕は学生時代からずっと相沢さんのファンだったんです。編集者になってから偶然お会いする機会があって、『重力ピエロ』が刊行されたとき、相沢さんにも一冊送ったんです。そうしたらすぐに読んでくれて、「『重力ピエロ』に映画の話がまだ来ていないなら、検討させてくれないか」と連絡があって。僕は早速、伊坂さんに連絡しました。伊坂さんは、僕がどれほど相沢友子が好きかを昔から散々聞かされていたので、断りにくかったのかもしれません（笑）。すぐに了承してもらえて、伊坂幸太郎原作、相沢友子脚本、というのは、個人的には最高の組み合わせなわけですよ。こういう夢のようなことが起こるのも、この仕事の醍醐味だと思います。

―新井さんは今、面接官として新卒採用に立ち会われているそうですね。「こんな人だったら採用したい」と思えるのは、どんなタイプの学生ですか。

やればできる子、ではなく、失敗してもいいから何でも頑張って、くじけない子です。やらない言い訳はいくらでもつくれるんですよ。とにかくやってみる。ダメもとでやるとかじゃなくて、断られて諦めるためにやるくらいのつもりでやる。そうすると意外に「え、OKなの？」って、いい結果が得られることがあるんですよ。

昔、「小説新潮」で尾崎豊さんの直筆のノートの特集を組んだことがありました。縁もコネもないし、可能性は限りなくゼロに近いだろうとは思っていましたが、思いきって、尾崎さんの元プロデューサーを訪ねてみたんです。そうしたら、意外にも実現してしまった。**どうせ無理とか、考えてどうのこうのじゃなくて。ダメだっていうことが分かるためにやってみる**。たとえ成功率が10％でも、10回やったら1回は成功するんです。しかも、成功率10％のことって、だいたい端から見たら「そんなの絶対無理だよ」って言われるんですよ。でも逆に成功したら、周りにすげーって思われる。作家に原稿を依頼するのも同じです。普通に行ってダメで、「ダメでした」って帰ってきたら、永遠に原稿なんかもらえない。ダメでも何度もトライして、相手に「10回も断ったから悪いな」って思わせたら、11回目には書いてくれるかもしれない。**断られることも大事だと思います**。

—では最後に、編集者を目指す学生へ、メッセージをお願いします。

みなさんよく、「現実逃避」という言葉を使いますけど……。逃げなきゃいけない程の苛酷な現実を生きてるわけじゃないだろう、と思うんです。逃げられない現実なんじゃなくて、現実を変えようとしていないだけ、のように感じます。

発売前、『重力ピエロ』の見本を読んだ大阪の書店の方が、一本の電話をくれたんです。全く面識がないのに。その方とは、「『重力ピエロ』をかっこいいって言える俺らってかっこいいよね、って言える世の中になったらいい」という話をしました。あれから15年、『重力ピエロ』は、約150万部の大ヒット作品になって、伊坂幸太郎は小説界のスタンダードになって、『重力ピエロ』の良さを理解してくれる人であふれる世の中になりました。この仕事は、そういう奇跡に立ち会える仕事です。

みなさんも、**自分の現実を変えてください。現実から逃げたって、絶対に何も変わりません。自分の現実を変えられるのは、自分だけです**。それだけは、どうか、覚えておいてください。

古田大輔

News is news.
書くべきテーマについて、取材して書くこと。
それは紙でも、ネットでも変わらない。

シェアから広がるBuzz（バズ）ポジティブな影響を世界に

バズフィードジャパン株式会社
創刊編集長　古田《ふるた》　大輔《だいすけ》

1977年生まれ。早稲田大学卒業後、2002年朝日新聞社に入社。社会部記者を経てアジア総局（バンコク）、シンガポール支局長を歴任。2013年に帰国。朝日新聞デジタル版や、同社のウェブメディア「withnews」の編集に携わる。2015年に「BuzzFeed Japan」に移籍。創刊編集長に就任する。

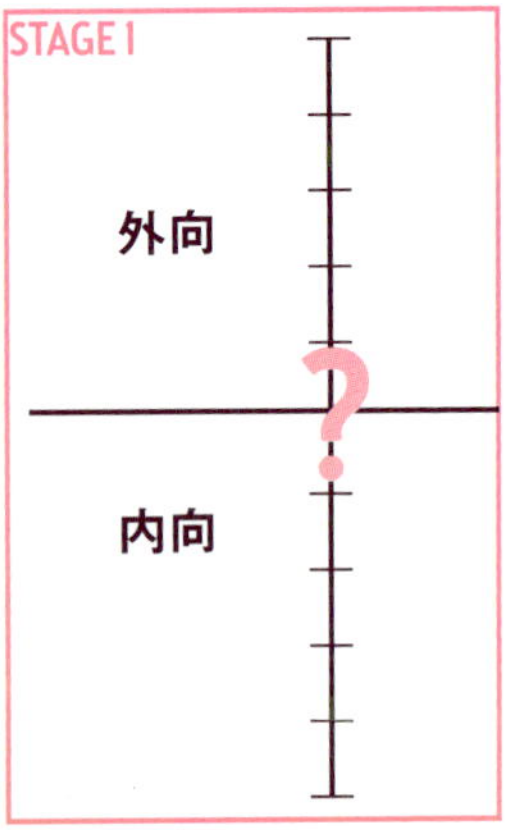

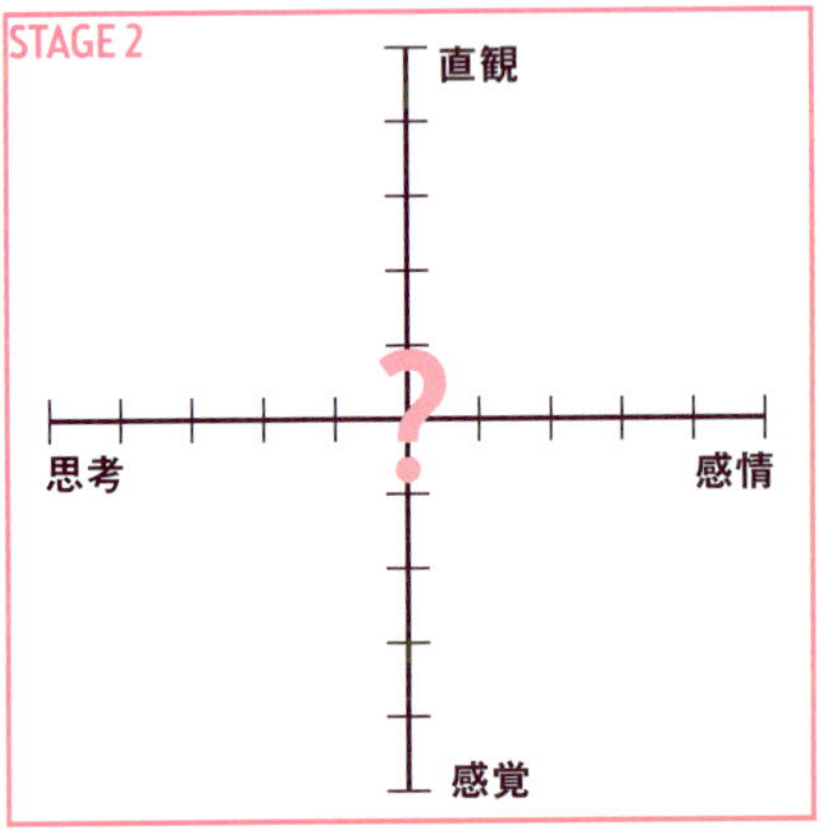

判定不能

両面的な回答が多く、集計に困難があるため、判定不能としました

ユング心理類型判定スケール（Jungian Scale for Typology, JUSTY）

氏名　古田大輔

自分により当てはまると思う方に"○"をつけてください。

	◀◀◀◀◀◀◀◀◀◀◀◀			▶▶▶▶▶▶▶▶▶▶▶▶
設問1	現実の成り行きを考えていることが多い	○		気がつくとよく空想している
設問2	実用書やノンフィクションを好む	○		スピリチュアルな本やファンタジー小説を好む
設問3	人に会うとまず服装や顔色に注意が向く		○	人に会うとまず人柄や気分に注意が向く
設問4	夢は現実の断片からできていると思う	○		夢は現実を超えたものだと感じる
設問5	大勢で協力して取り組む作業を好む		○	ひとりでじっくり取り組む作業を好む
	A→			←B

Aが多い場合は、自分により当てはまると思う方に"○"をつけてください。

	◀◀◀◀◀◀◀◀◀◀◀◀			▶▶▶▶▶▶▶▶▶▶▶▶
設問6	客観的な裏づけにもとづいて行動する	○		流行への関心が強い
設問7	現実的な利益や成果を重視する			愛情や友情を優先する
設問8	自分の基準が周囲の基準だと思っている			周囲の基準が自分の基準だと思っている
設問9	積極的な組織運営にたけている			調和的な人間関係を大切にする
設問10	見聞が広がるのがうれしい			交友関係が広がるのがうれしい
	C→			←D

	◀◀◀◀◀◀◀◀◀◀◀◀			▶▶▶▶▶▶▶▶▶▶▶▶
設問11	感動できる音楽や絵画を探し求める			音楽や絵画からインスピレーションをもらう
設問12	面倒なことは後回しにする		○	変化の乏しい状況にはすぐ退屈する
設問13	人を楽しませるのがうまい			人から信奉されることがある
設問14	気候や天候で体調を左右されやすい		○	諸々の状況の今後の成り行きがピンとくる
設問15	観察力があると思う	○		ツキや運があると思う
	E→			←F

Bが多い場合は、自分により当てはまると思う方に"○"をつけてください。

	◀◀◀◀◀◀◀◀◀◀◀◀			▶▶▶▶▶▶▶▶▶▶▶▶
設問6	自分の意見に隙がないよう考え抜く			つねに自分の情緒の揺れ動きを気にしている
設問7	まずは距離を置いて懐疑的にものごとを見る			良心的で忍耐強い
設問8	抽象的な論理によって判断する			内心での好き嫌いが激しい
設問9	考えを批判されると執拗に反論したくなる			本音を隠して守ろうとする
設問10	人によく皮肉を言う			人の言動によく傷ついている
	G→			←H

	◀◀◀◀◀◀◀◀◀◀◀◀			▶▶▶▶▶▶▶▶▶▶▶▶
設問11	経験のない悩みの相談には答えにくい			経験のない悩みの相談でも核心部分がわかる
設問12	夢は現実に近い展開をすることが多い			夢は劇的な展開をすることが多い
設問13	記憶が事実とくいちがうことが多い			思い込みでわかった気になっていることが多い
設問14	小説中の複雑な血縁関係の理解には家系図がほしくなる			小説中の複雑な血縁関係を理解するのに苦労はない
設問15	ドラマは目の前の場面を追って見ている			ドラマはすぐに先の筋がわかる
	I→			←J

多くのメディア関係者が、今注目のメディアに「BuzzFeed」の名を挙げます。海外では有名なニュース＆エンターテイメントメディアとして、その名を知らない人はいません。2015年の秋に満を持して日本に上陸した「BuzzFeed」。その初代編集長が古田さん。もともとは新聞記者だった古田さんは、新旧に関わらず、どんなメディアでも編集や記者の仕事の本質は変わらないと言います。その理由をお聞きしました。

—もともとは新聞記者をされていたんですよね。記者になりたいと思ったのはいつごろでしょうか？

大学のときです。**僕はお金儲けにあまり関心がなくて……**。物欲もないですし。そういう性格なので、ビジネスの世界よりも研究者やNGOといった仕事が自分に向いていると思っていました。

大学1年生のときに、インドへの旅行の途上で、「マザーハウス」という施設でボランティアをしていました。「死を待つ人々の家」というマザー・テレサが始めた施設の一つで、貧困や、病気で倒れた人を看取るところです。

そこには、世界中からボランティアがくるのですが、あるとき、入所しているおじいさんが、テキサスから来たボランティアの男性が帰国するのを心から惜しんでいる姿を目にしました。地球上の全く違う場所で生まれ育った境遇も年齢も違う二人の間に友情が芽生えていたんです。テキサスの男性にハグされ、力強く抱きしめ返すおじいさんを見て、すごく感動しました。そのとき、こういった感動を誰かに伝える仕事をしたい。記者だったら伝えられると思ったんです。**僕は感動をつくり出す側の人間**

ではないと思っていて。でも、世の中の喜怒哀楽を見つけて文章にすることなら、僕にもできるかなと。

―それで新聞記者になったんですね。念願の記者になってからはどうでしたか？

最初の3年間は、**毎日やめたいと思っていました（笑）**。とにかくきつくて。初任配属は京都で、事件・事故の担当でした。警察への取材ってつらいんですよ。毎日6時に家を出て、捜査関係者の家を訪ねて話を聞く。その後は警察本部に行って、夜はまた関係者の家に行く。現場や事件関係者にも当たる。それを延々と繰り返すわけです。事件はいつ起こるか分からないので気を抜けません。

そしてもう一つ、葛藤がありました。**自分の書いているものが世の中にとってどういう意味があるんだろうと、ずっと悩んでいたんです**。それが何よりつらかったですね。

―それでも記者を続けたのはなぜですか？

やっぱり自分の書いたものが誰かに届いたと実感したときは、すごいうれしくて。僕の記事が直接的に何か影響を与えたわけではないにしろ、でも、記事を読んでくれている人たちがいて、動いてくれる人たちがいる。

タイで特派員をしていたときに、タイにいるミャンマーからの難民たちの記事を書いたことがありました。そのとき、記事を読んだ高校生から**「古田さんの難民の記事を読んで、大学で難民研究に進むことに決めました」**とメッセージをいただいたんです。そういう若い読者の人たちから反響があると、すごくうれしい。

新聞記者に届く反響って、すごく少ないんですよね。「ＢｕｚｚＦｅｅｄ」のようなウェブメディアであれば、ＳＮＳですぐに反響が返ってきますが、紙に印刷された記事はシェアできない。手紙をいただくこともありましたが、今の時代、わざわざ手紙を書く人は少ないですよね。

—新聞社でデジタル部門に移られたのは、何かきっかけがあったんでしょうか？

僕、**もともとインターネットが大好きなんですよ**。ただ、大学を卒業した２００１年当時は、まだいろんな現場に行って取材する記者がいるウェブメディアは少なかった。でも、**将来はインターネットがメディアの主流になると確信していた**ので、ずっと関心は持ち続けていました。それに海外の特派員をしていたとき、現地の記者が、ＳＮＳをうまく活用して取材しているのを目の当たりにしました。日本の記者よりも使いこなしていたんですよね。現場では即時的にツイッターで情報を流して、あとでそれを取りまとめて記事にしたり、情報収集にも積極的に使ったり。こういった動きは、日本にもいずれ必ず来る。紙が読まれている実感はどんどん薄れていくし、やっぱりインターネットなんだなって。

—どうして次のキャリアを「ＢｕｚｚＦｅｅｄ」に決められたのでしょうか？

以前から「ＢｕｚｚＦｅｅｄ」の存在は知っていたのですが、ちょうど2年前に「ＢｕｚｚＦｅｅｄ」がいよいよ日本に進出するという記事が出ました。海外では有名なメディアだったので、だったら僕が、どこよりも早く新任編集長の単独インタビューをやりたいと、「ＢｕｚｚＦｅｅｄ」の幹部を知人から紹介してもらったんです。「ＢｕｚｚＦｅｅｄ」がどうやってコンテンツをつくっているのか、どうやって収益をあげているのか、とても興味がありました。

その出会いで、僕の中でデジタルメディアでの記事製作に対する考え方が１８０度変わったんですよね。これまでの僕の発想は、「インターネットを使うからできるコンテンツづくり」ということに終始していました。ウェブサイトに動画を載せられるようになったから動画を撮ってみるとか、ツイッターを使えるからインタラクティブなコンテンツをつくってみるとか、最新技術を使って面白いものを発信すれば喜ばれるだろうって思い込んでいたところがあって、その情報が誰に届くか、読者がどういう感情を抱くかという点をあまり深く考えていませんでした。

一方、「ＢｕｚｚＦｅｅｄ」では、「見ている人は誰で、読んだ人が抱く感情はどうだろうか」ということを起点に、コンテンツを考えています。**「コンテンツを通じて、いかにオーディエンスとつながるか」**を大切にしているという話を聞いて、すばらしい考え方だと思いました。編集長就任を決めたのは、世の中にポジティブなインパクトを与えるという理念も、読者にどんどんコンテンツを届けて、多くの人にシェアしてもらって拡散させていく戦略も優れていると思ったからです。それを日本で実現するのは、やりがいのある仕事だと思いました。

—新聞メディアとウェブメディアの違いを感じることはありますか？

それは多々ありますね。僕が叩き込まれた書き方って、新聞紙というデバイスで一番優れた効果を発揮するんですよね。見出しがあって、次に前文という150字くらいの文章があって、そこで5W1Hが分かる。次に本記と呼ばれる段落で、より詳しく説明していく。最初に重要な文がきて、逆三角形スタイルに情報を伝えるんです。でも、それはスマートフォンで見たときの最適なスタイルではありません。編集長になって、どういう書き方がスマホで読みやすいのか。いろいろと勉強しました。

ただ、どのメディアでも本質的に変わらないこともあります。これは研修でNYに行ったときに、元NYタイムズの記者に言われたことですが、**「News is news」**だと。書くべきテーマがあって、取材して、資料を集めて裏付けをとって書く。それは別に紙であろうと、インターネットであろうと変わらないんですね。

—「BuzzFeed Japan」がこれから目指すところを教えてください。

「BuzzFeed」創業者のジョナ・ペレッティが自社サイトで、**「自分たちは、世の人々の生活にポジティブな影響を与えるために仕事をしているんだ」**という記事を書いています。単に他者を攻撃したり、炎上させたりするだけのネガティブなコンテンツはつくらない。世の中にポジティブな影響を与えるものをつくろうと言うんです。社会問題を指摘したり、笑える話、かわいい猫、綺麗な風景など、ニュースであれ、エンターテイメントであれ、どんなジャンルでも人をポジティブにさせる要素はあります。だから、読んだ人がポジティブになるテーマなら、どんな話題でも幅広く扱っていきたいですね。

また、「BuzzFeed」には、世界で約200人ものエンジニアがいます。**記事がどう読まれているか分析してコンテンツを評価できるシステムを自社でつくっています**。どんな記事が最もシェアされて、どれくらい他のメディアに取り上げられたか。良かったところ、悪かったところを分析して、次のコンテンツに生かすことができる。このノウハウは記事だけでなく、動画コンテンツでも活かされています。こんなにたくさんのエンジニアがいて、この仕組みができているメディアは世界でも少ない。そういうところが、われわれにとって非常に重要な戦略となってくるでしょう。

――最後にメッセージをお願いします!

自分が知りたいと思ったことを追求して書くこの仕事は、本当に楽しいと自信を持って言えます。今は、ブログでも、SNSでも、個人が書いて発表することが簡単な時代になりました。もし、ライターや編集者に興味があったら、まずは書いてみてはどうでしょう。そして、大切なことは記者や編集者になることではなく、記者や編集者として何をするか、だと思います。

編集者ってこんな人？

大阪大学大学院人間科学研究科教授　老松 克博

編集者たちの性格判断結果

意識の態度については、外向と内向がほぼ半々となった。意識の機能については、思考か直観が第1機能（優越機能）である人がほとんど（それぞれ10名と8名）で、それ以外の人は稀である。傑出した人物を調べてみると、業種に関係なくおおむねそういう傾向が出るもので、すぐれた編集者も例外でないと言える。思考と直観に次ぐのが感覚が優位な人で、6名がそれに当たる。これはテレビクリエイターや起業家に比べると割合が多い。

わずか6名、されど6名。感覚優位が6名いる（他に感覚が第2機能（補助機能）の人も2名いる）というだけで、実は第1、第2機能の組み合わせのバリエーションが一気に増加している。これは重要だと思う。というのも、そのおかげで、非常に多様なタイプの人たちが斯界を構成することが可能になっているからである。かくかくしかじかのタイプであれば編集に向いているという明瞭な傾向が現れないくらい、編集の仕事には、複合的かつ総合的な意識の働きが必要とされるのだろう。

ただし、書籍の種類の方から眺めてみると、成功している編集者の態度と機能には、ある程度の特徴があるように思われる。マンガの編集者には、外向的な人が多く、第1機能と第2機能に思考と感覚があることが目立つ。

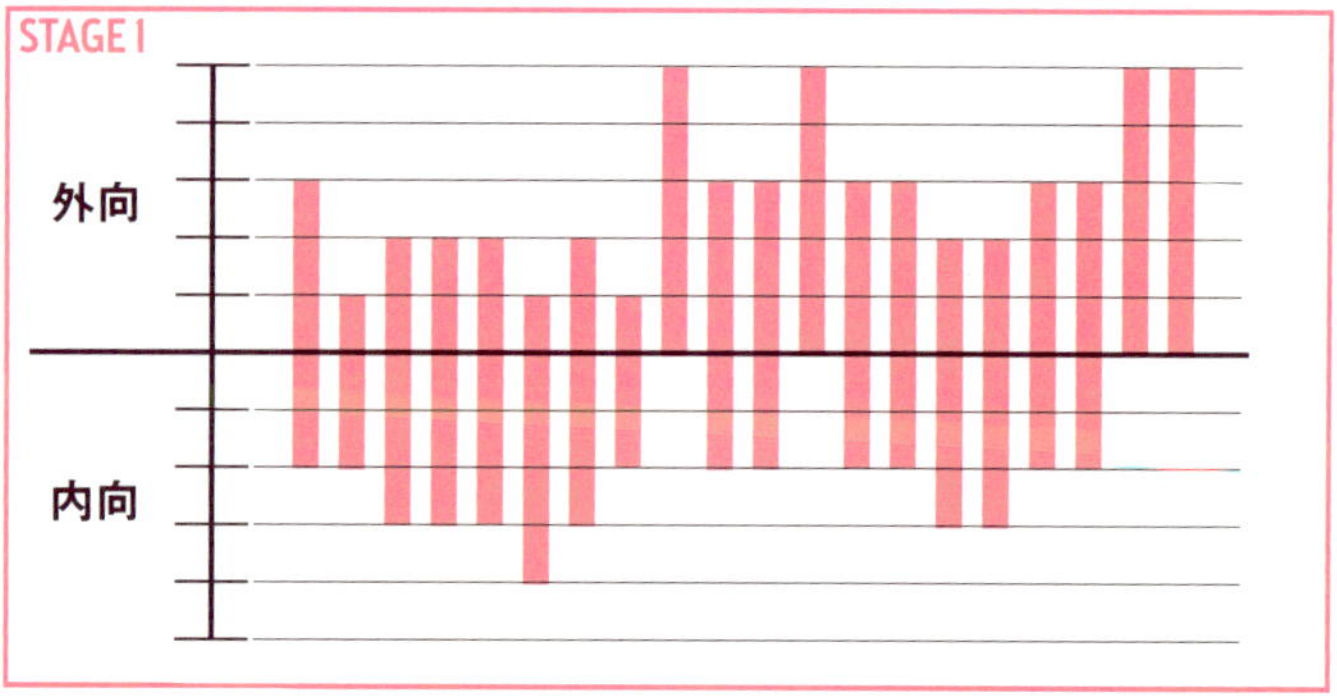

雑誌の編集者にも、やはり外向的な人が多いが、第1機能と第2機能にしばしば思考か直観がある。一方、種々の小説や教養書などを含む単行本の編集者には、内向的な人が多く、第1機能と第2機能に思考か直観が多い。もっとも、こうして書籍の種類別に細分化すると、1カテゴリーあたりの人数が少なくなってしまうため、以上はあくまでも参考所見にとどまる。

感情機能には、少し面白い特徴があるように見える。第1機能か第2機能に感情がある人は、編集という昔ながらの仕事の中でわりあいユニークな試みをしているようである。これはおそらく、好き嫌いでものごとを判断する感情機能を活かして、自身の嗜好、趣味、興味関心を編集に強く反映させているからだろう。

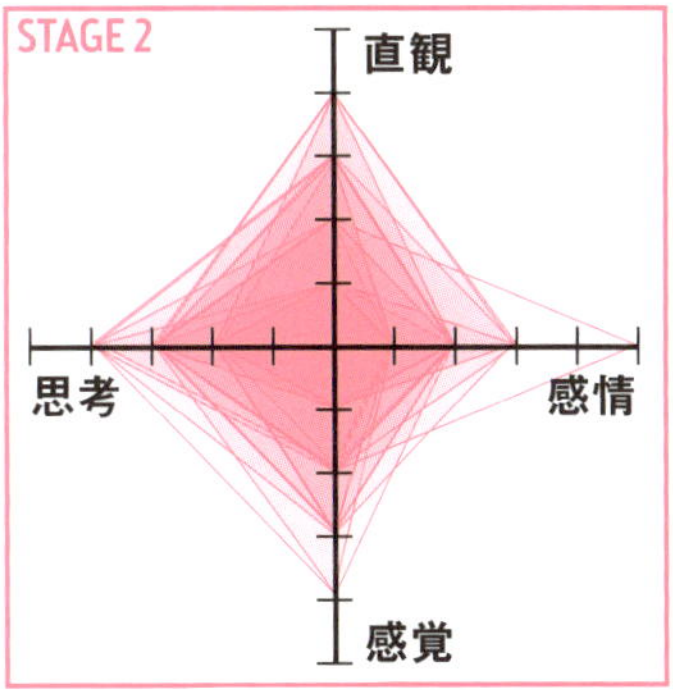

以上の特徴を箇条書きにしてみると——

- **編集者には、意識のさまざまな働きを総合的に使う能力が必要。**
- **思考や直観の優位が目立つが、感覚機能の組み込まれ方が重要な隠し味になる。**
- **マンガの編集者には、外向的で思考ａｎｄ感覚の優位な人が多そう。**
- **雑誌の編集者には、外向的で思考ｏｒ直観の優位な人が多そう。**
- **単行本の編集者には、内向的で思考ｏｒ直観の優位な人が多そう。**
- **感情機能が使える人なら、自分の嗜好を編集に活かすと良い。**

第３章

就活で成功するために、
未来をハッピーにするために、
自分の性格をもっと知ろう！

〜長所も短所も活かしていくために〜

本当の自分がわかる「性格タイプ」

みなさんは、自分自身の性格を、ゆっくりと考えたことがありますか？

「性格特性」は人それぞれに異なり、その特性に優劣はありません。さまざまな性格特性を持った人たちがお互いに影響し合って毎日を過ごしているからこそ、私たちが過ごしている世界には色とりどりで予測不能な物語が生まれていきます。でも、今の日本はとても忙しく瞬間を生きていくだけで精一杯。慌ただしい毎日を過ごしていると自分の内面と向き合う時間というのは、そう多くはないのかもしれません。

本書では、まずそういった方々のために「曖昧に理解していた自分の性格特性」をしっかりと理解する。ということを、していただこうと思いました。

ではなぜ、「自分の性格特性」を知ることが大事なのでしょう？

「自分の性格特性」を知る

それは普段の生活における自分自身の「ものごとへの関わり方のクセ」を知るということです。「クセ」があるということはとても良いことですが、自分の「クセ」を知らずにただ毎日を生きていると人の気持ちを理解することができないジコチューの人になってしまいます。

そう、自分の「性格特性」を知るということはその「性格特性」が「身近にいる人に与えている影響」をはっきりと理解するということなんです。

ユングの研究によると私たちには…

意識に備わった態度（外向か内向か）×優勢な基本機能（優越機能）＝大きく分けて8パターン

の性格特性があるといわれています。

みなさんもこの8パターンのうちのどれかに当てはまります。そしてそれぞれのパターンの性格特性には当然、長所と短所があります。

もしかしたらあなたは、自分自身のことを、まだ何もわかっていないのかもしれないのです。

「外向と内向」

この言葉くらいは、すでに知っている方が多いかもしれませんね。ただ、気をつけてほしいことは、「明るい性格の人は外向で、暗い性格の人は内向だ」と思う人がいますが、実際にユングの使う内向・外向の意味は少し違うということです。ここでいう「外向・内向」とは「自分の興味や関心が、どの方向に向いているか、外か、内か」ということです。明るいけれど内向的な人もいれば、おとなしくても外向的な人はたくさんいます。

「外向・内向」どちらのタイプにも長所や短所があり、どちらのタイプが「良い・悪い」ではない。ということです。

「外向」

「外の世界」に注意を向け、一対一の関係であろうと、集団の中にいようと、人と接しそこから何か情報を吸収することを好みます。外の世界と接し、さまざまな経験をすることに喜びを感じる、活動的なタイプです。ひとりでいるのがあまり得意ではないことが比較的多く、できる限り人と会話をし、時間を過ごすことが、毎日の活力。だから、自然と知らない人にも働きかけ、友人もとても多くなります。外の世界から自分が何を得ることができるか？　そして自分自身が他人に対してどんな影響を与えることができるか？　ということを常に考えます。

「内向」

自分や他人の内面、「内の世界」に注意を向け、心の中でいろいろと思慮することを好み、外向に比べると、他人と一緒にいることも、他人から注目されることも好みません。ひとりで考えごとをする時間が一番落ち着いて穏やかです。だから、人付き合いは限られていることが多く、一対一もしくは少人数の方が心地良いと感じます。外の世界で起こっていることにはあまり強く反応せず、他人からの影響を受けにくく、自分の心の中でゆっくりと価値の判断をしていくことが、大きな喜びとなります。

4つの基本機能「思考・感情・感覚・直観」

ユングは私たちの「心の働き」が4つの基本機能（思考・感情・感覚・直観）によって区別されうることを発見しました。どんな人であれ、この4つの機能のうちのどれかを相対的に強く使っており、よく使う機能（優越機能という）が、その人の「性格」となって表れてきます。

←　→　↓　↑

「思考機能」

ものごとを論理的に捉えて理解しようという働きです。極めて客観的な心の働きがベースとなっており、何かについて判断や決定をしなければならないときに、状況を分析したうえで結論を出すことに喜びを感じます。とても合理的で頭の良い人に見られますが、人の気持ちがわからない人だ、というイメージを持たれやすくもなります。

「感情機能」

何かが起きた場合や、判断をしなくてはならない場合に、そのときに生じる感情（おもに好き嫌い）を最優先して考えます。感情を最優先するということは、合理性・論理性にまったく欠けた答えを導き出す危険性がありますが、常に思いやりにあふれ、人の気持ちに寄り添った、人情を持ち合わせています。「思考機能」の対極にある機能です（論理と好き嫌いは対立し合うのが普通です）。

「感覚機能」

実際に起きている事象や過去に起きた事象に対する五感の客観的データを駆使し、それをきっかけとして、目指すべきゴールへの最短距離を瞬時に測れる能力です。誰もが想像しなかったような発想が出てくるわけではありませんが、今までの自分の経験もフルに活用し、現実的な落としどころを見つけたり、実際的な解決策を誰よりも先に考えたりできる、という特徴があります。

「直観機能」

第六感によって創造的でひらめきにあふれた捉え方をすることが特徴です。目の前で起きていることに対して、周囲には想像もつかないまったく別のイメージを頭の中で展開させるので、アイデアにあふれ、ぶっとんだ答えを導きだすことができます。自分の考えを論理立てて説明することは不得意ですが、いわゆる「ピンときた」ときの感じを何よりも大切にしています。「感覚機能」の対極にある機能です（五感と第六感は対立し合うのが普通です）。

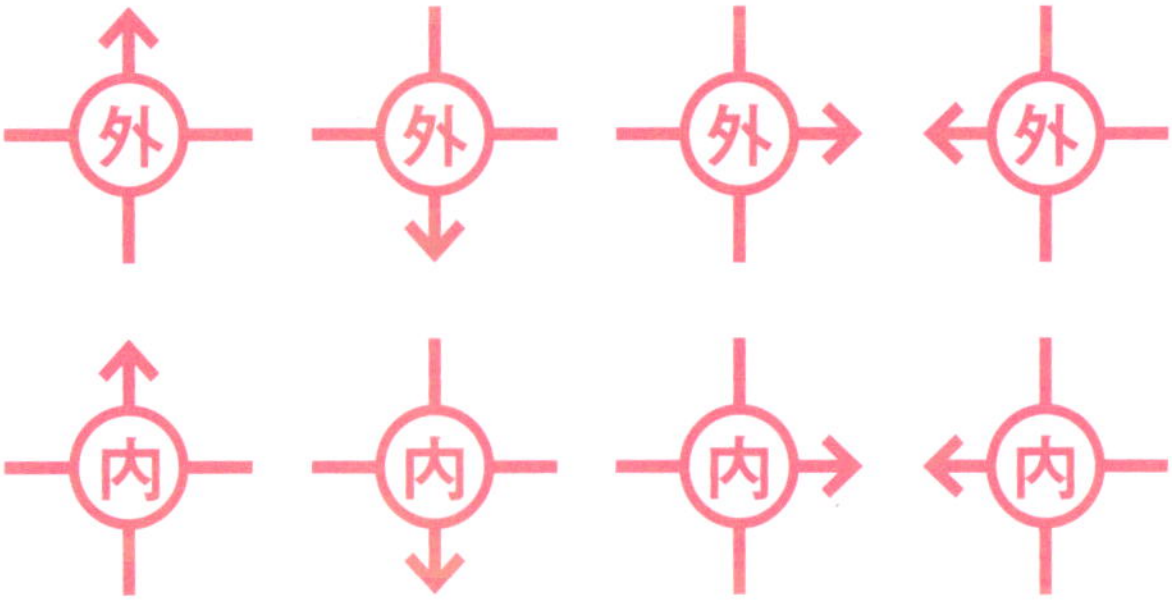

8つの性格タイプ

「外向・内向」と「思考・感情・感覚・直観」を組み合わせたものがユングの分類した性格8タイプです（詳しい性格特性は272ページから読み進めてください）。あらためて強調しておきたいことは、どのタイプが良くてどのタイプが悪い、ということはないということです。

8つの性格タイプ

- 外向的思考タイプ
- 外向的感情タイプ
- 外向的感覚タイプ
- 外向的直観タイプ
- 内向的思考タイプ
- 内向的感情タイプ
- 内向的感覚タイプ
- 内向的直観タイプ

補助機能・劣等機能

以上が8つのタイプですが、一番よく使う機能（優越機能）の次によく使う機能（補助機能）や最も苦手な機能（劣等機能）も見ておくと、さらに細かく性格がわかります。基本機能のうち、「思考」と「感情」、「感覚」と「直観」はそれぞれ対立関係にあるため、たとえば思考タイプなら、一番不得意とする機能、つまり「劣等機能」は、思考と対立的な関係にある「感情」です。そして思考タイプが適切に判断を行う際には、対立関係にない「感覚」もしくは「直観」のどちらかの機能が手助けをします。それを「補助機能」と呼びます。

バランスタイプ

私たちは、一番得意な機能（優越機能）だけに頼るのではなく、補助機能や3番手の機能を、さらには一番不得意な機能（劣等機能）を徐々に成長させていきます。また、外向、内向の偏りを少なくすることもできます。

優越機能と補助機能がほぼ同等になっている場合を、本書では「バランスタイプ」と呼ぶことにします。一方、外向と内向が釣り合っている場合は「両向」といいます。これらは、それぞれの機能や態度が単独である場合の欠点が緩和され円熟した性格特性を持っています。「外向・内向」と「思考・感情・感覚・直観」のすべての機能特性をバランスよく兼ね備えている人も稀ながら存在します。本書では「両向的全機能バランスタイプ」と呼ぶことにしましょう。

外向的思考タイプ

外

～冷静にものごとを分析する、完璧主義者～

長所

常に俯瞰した目線で事象を見つめ、どんなときでも冷静。アタマの中で整理したことを相手に伝え、論理的にものごとを突破していくことに気持ち良さを感じる。発言に説得力があり、ものごとを進めていくうえでの推進力を持つ。軌道修正と正しい判断能力、構成能力にたけ、枠組みや「企画」をつくる、頭脳的なリーダーの役割を担う。ものごとを最後までやり遂げる責任感が強く、仕事に対して真面目で誠実である。何事に対しても計画的かつ効率的で、秩序立った積極的な組織運営に長けている。好奇心旺盛で、豊富な情報を持っている。

短所

自分の厳格な行動基準を、無意識に相手にも求め、押し付けてしまうところがある。他人の意見を、一度は聞くが、最終的には自分の意見を大きく曲げようとはしない。プライドが高く野心家なため、人の目を気にし、世間的な成功を求めがちである。新しい情報を手に入れるために常にアンテナを張り、いろいろなことに興味が分散するため、コロコロと考えが変わってしまうことがある。常にものごとの筋道を優先して考えるため、周りには冷酷で少し怖い印象すら与えている。もっと周囲の人の感情に注意を払えば、他人にもさらに良い影響を与えることができる。

外

外向的感情タイプ

～情に厚く、場を明るく変える、天性の太陽～

長所

人と一緒にいることを好み、情に厚く、常に周りの人の役に立ちたいと考えている。社交的で会話も得意、愛想も非常にいいため、誰からも好かれる人気者である。誰からも嫌われずに、チームをいい雰囲気に導く天性のムードメーカー。好奇心旺盛で将来のあらゆる可能性に対して心を開く。アイデアを途中で閉じ込めるようなことをせず、いろいろな方向から柔軟にものごとを考える許容性がある一方で、理屈抜きに嫌いな人やものがある。

短所

のんきで楽天家。短期的未来に対しての計算が苦手で合理性に欠ける。誘惑に弱く、自分を律するのがあまり得意でない。感情に左右されやすいため、落ち込みやすく、気分の上下が激しい。明るいときは誰よりも明るいが、急にこの世の終わりのように悲しみの底に落ちることがある。常に社交的で、信用した人に対して心を開きすぎるため、それが災いしてトラブルに巻き込まれることがある。

外向的感覚タイプ

〜観察眼があり、周りのやる気を引き出す、開拓者〜

長所

世の中に起きている面白いこと、モノへの反応が誰よりも早いことに、生きがいを感じる。見た目やファッションも気にする。周囲の人にやる気を起こさせるのがうまい。仕事には誠実に取り組む。計画性をもって目標を定め、スケジュールを決め、効率よく仕事を進める。現実的・実践的で、首尾一貫した態度をとり、頼りがいがある。人付き合いがよく、活動的で、新しいものであれば抵抗なく取り入れる。議論よりも活動を好み、そのときどきの状況に対処するのを楽しむ。妥協案を見いだして相手を説得することができる交渉人。どんな社会的場面においても緊張せずに行動することができる。意外性を愛し、他人に予期せぬ喜びをもたらしたいと思案している。

短所

自分と同じ感覚を他人にも求めるところがある。そのため、押しつけがましい人に見られがち。もっと柔軟になり、心を広く持つようにした方がよい。いつも目新しいものに惹かれていて慌ただしいので、自分の正直な本心をじっくりと見つめようとしない。面倒なことは後回しにしやすく、失敗の原因を外に探しがち。外見を派手にする傾向があるため、傲慢な人間に見えたり、自分が仲良くなりたいと思っている人たちを逆に遠ざけてしまったりすることがある。もっと周囲の人間の感情に注意を払えば、より多くの仲間が集まってくる。できるだけ厚かましく見えないように努力し、控えめにしよう。

外

外向的直観タイプ

～アイデアと実行力で壁を突破していく、創造者～

長所

あらゆるものごとに関して素早く可能性を判断するのが得意で、アタマの回転が速い。さまざまな状況に応じたアイデアや企画を次々に思いつく。根拠ははっきりしないが、状況の予測が神懸かり的に的確であるため、信奉者ができる。最初の予兆で即座に行動したいため、人に指図をする立場になることを好む。変化のない状況にはすぐに飽きてしまう。前にものごとを進めていくエネルギーにあふれている。複雑な問題を前にして、内心その状況を楽しんでいる。豪放磊落《らいらく》なワンマン・タイプで、組織をまとめあげる大きな力を持つ存在となる。強気な楽天家。

短所

新しいひらめきや、独創的であるということを誰よりも重視するため、簡単に解決できる方法があったとしてもそれを無視してしまうことがある。手がける仕事の種類をしっかりと調整しなければ、周囲に迷惑をかけてしまうことがあるので、気を付けなければならない。自分の力があれば何でも実現できてしまうと思い込みがちなので、周囲の貢献や尽力に対してきちんと感謝の気持ちを示さなければ、横柄な人間と思われかねない。周囲の力を借りて、正確で詳細な状況把握を怠らないようにすれば、大きな失敗を免れることができる。

内向的思考タイプ

内

〜事象を深く突き詰め、自分の答えを見いだす、理論家〜

長所

あるものごとに関して、深く考え抜くことが好きである。人が疑問に思わないことにも疑問を抱き、自分のアタマで完璧な理論の伴った答えを出したときに喜びを感じる。答えが出るまではひとりで考え込んでしまうこともある、哲学者気質。人に同意を求めることはあるが、強制はしない。ただし、考えを批判されることには耐えられない。たいていの場合、他人はその複雑で論理的な思考についてくることができないので、議論にもの足りなさを感じることがあるが、論理的に相手を説得し、自分の考えた方向にものごとを進められたときに、強い喜びを感じる。すべての人やものごとを自分の手でコントロールしたい、などという野心はないが、自分が面白いと思う答えにたどり着いたときは、積極的に世の中に伝えようとする。

短所

論理的分析に没頭することで、本来の目的から外れてしまうことがある。また、自分と同様に、他人にも論理的であってほしいと期待してしまう傾向がある。感情を表に出すことは恥ずかしいことだと思い込んでいるため、周囲から何を考えているかわからないと思われてしまう。もっと素直に感情を表現することで、より多くの仲間を手にすることができる。また、ものごとをひとりで考えがちで、自分がしていることに夢中になってしまうため、他人に協力をしてもらうことが苦手。しばしば皮肉屋になる。本来持っているエネルギーの量は多いので、それをもっと外部に向けることで、より多角的な方向へものごとを進めることができる。

内

内向的感情タイプ

～一見控えめだが、感受性が誰よりも強い、気配り上手～

長所

優しく、思いやりにあふれており、感受性が強い。もの静かで忍耐強いが、内心はいろいろな感情をため込んでいる。地味で控えめ、非常に穏やかな人柄。素直に自分の本心を他人に話すことがあまり得意ではないため、勘違いされやすいが、本当に信頼している相手だけには心を開き、胸の内を話す。他人を支配したり、自分が上に立ちたいと思ったりすることはなく、中立的な態度で、他人の行動をありのままに受け止める。真面目で、勤勉。気も遣えるため、人を支えるのが得意。独自の信念を持っていて、内心の好き嫌いは激しい。自分の価値観を、時間をかけて理解してくれる人を、とても大事にする。

短所

自分の意見をあまり主張しないため、努力がむくわれないことがある。目の前のことをこなすことに埋もれがちで、長期的にものごとを考えることが苦手。非常に繊細で、他人の気持ちを敏感に感じすぎるため、必要以上に考えたり傷ついたりすることがある。協調性はあるが、心の中は傷つきやすく、誰よりも根深くいろいろなことを覚えている。もの静かではあるが、実は感情の起伏が激しく、そのことを自分でも気にしている。

内向的感覚タイプ

内

～経験の蓄積を活用するのが巧みな、こだわり職人～

長所

もの静かで勤勉。驚くほど詳細に記憶している。自分の意見の証拠となるものを細かく説明することができるし、過去の経験を基盤に現在の決断をくだそうとする。伝えたいことしか口にしない。ひとりでいることを好み、危機に直面しても沈着に見える。義務感が強く、落ち着いているように見えるが、冷静な表情の下では、感情が大きく揺れていることもある。だが、自分の感情をめったに表そうとはしない。現実的で、地に足がついている。寡黙で謙虚な人を好む。ものごとは整理されていてほしいし、話は客観的に述べてほしいと思っている。

短所

他人が必要としているものを、理解できないことがある。そのうえ、自分の感情を表現しようとしないので、他人からは冷淡で面白みのない人間と思われてしまうことがある。もっと他人に、感謝の気持ちや高く評価していることをはっきりと口に出すように心がけると、人間関係がよりうまく進むようになる。目の前の状況をよく観察していて、記憶は詳細だが、いつのまにか事実と食い違う脚色がなされていることが多い。そのために人間関係が損なわれやすいので、そこから逃げず、真摯に向き合うように行動することが大切。

内

内向的直観タイプ

～精神的な価値を鋭く見抜く、霊感の人～

長所

一見とてもおとなしく、暗く、人見知り。社交的な人や、人生を楽しそうに過ごしている人たちに対して、苦手意識を感じている。しかし本当は誰よりもこだわりが強く、自分の面白いと思う精神的・心理的な事柄に対して、絶対的な自信があり、それを世の中にぶつけてみたいという強い欲望も秘めている。独創的で、論理的には絶対に思いつかない優れたアイデアを思いつく。他人の気持ちを、共感によってではなく、ひらめきで理解できる。初めのうちは、なかなか人に理解されにくいが、一度許容されると、圧倒的な才能として評価されることがある。何よりも自分の勘を大切にしており、世の中の主流や、よくある手法がどうであろうと、気にしない。心の不思議や宗教的なことに関心がある。

短所

自分の勘に絶対的な自信があるため、批判されたり、違う方向へのアドバイスを受けたりしても、自分の考えを変えることはない。率直で高潔であるが、ときに頑固で傷つきやすい。超現実的な世界にも開かれているので、ときに現実を無視したり、無理のある行動をとったりすることがある。意志は強いが、思い込みの激しさゆえに独善に陥って、孤立し、最悪な事態を引き起こしてしまうこともあるので、もう少し周囲に目を向けよう。独創性が強すぎるがゆえに現世では評価されづらいこともあるが、後々まで語り継がれるような天才として輝かしい成功をおさめる可能性もあるため、自分自身を信じ抜くことも大切。

ユング心理類型判定スケール（Jungian Scale for Typology, JUSTY）を就活で使ってみた

ここで、ユング心理類型判定スケール（Jungian Scale for Typology, JUSTY）を使った簡単な自己PRや志望動機のつくり方を紹介しましょう。紙とペンをご用意ください。

① ユング心理類型判定スケールにTry！→10ページ

② 該当したタイプの特性で、自分に当てはまると思ったことを書き出す。

③ そう思った理由を書く。

④ その体験談を書く。

⑤ ②〜④をもとに、自己PRをつくる。

⑥ ②〜④をもとに、どのような仕事や会社がマッチすると思ったか書く。またそう思った理由も書く。

⑦ 自分と同じタイプの編集者のインタビューで、②〜⑥を繰り返す。

⑧ 逆のタイプの特性で、自分とは正反対だなと思う項目を書き出す。そして、③〜⑦を繰り返す。

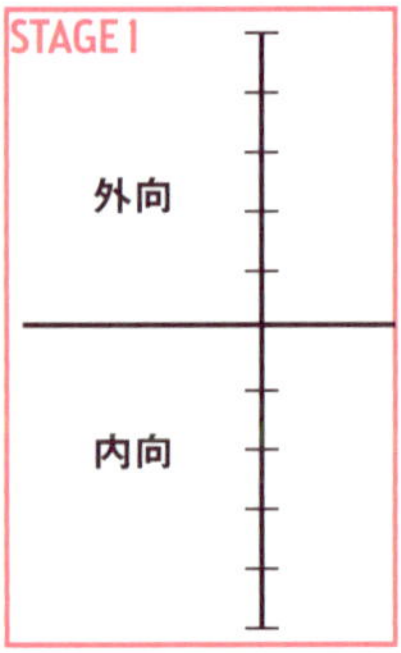

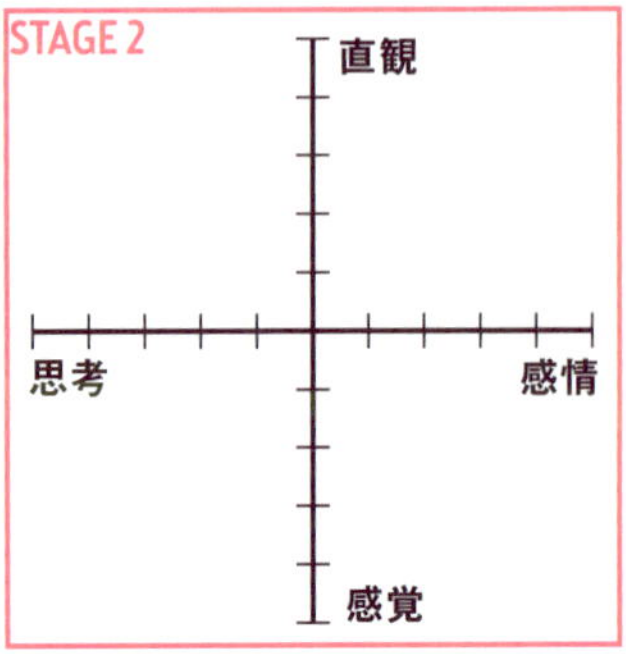

いかがでしたか。これは自己分析にもつながりますよね。

この一連の作業を行うと、自分の思ったことや実体験をまとめることになるので、オリジナルの自己PRや志望動機が自然にできたのではないでしょうか。さらに、自分の適性を知るきっかけになればうれしいです。ただ、注意してほしいことは、同じ職業や業種であっても、会社によって特徴が違うということです。あの会社は論理的思考の社員が多い、体育会系社員が多い、など。だから、マッチするかもしれませんし、逆に同じタイプの社員がいないから活躍できるかもしれません。

最後に、学生時代は、好き嫌いで相手を選んで付き合うことができましたが、社会人は、気の合わない相手、お客さまや上司などとも付き合わなければなりません。でも、一番苦手にしている人が、実は自分の短所を補てんして、能力を引き出してくれることがよくあります。だからこそ、苦手な人を苦手と思わないために、自分自身の「クセ」を知りましょう。自分の性格を把握することが、他者理解につながっていくのですから。

これだけたくさんの情報があふれる世の中においては、
情報を編集する力こそ、さまざまな業界、場所で、
今、一番求められていることではないでしょうか。

今回は20人の編集者にお話を伺いました。
本・マンガ・雑誌・ウェブと、情報の届け方こそ違うものの、
編集という仕事を、
コンテンツをつくり上げるだけの仕事に留めていません。
情報を見つける、分かりやすく伝える、だけでなく
面白さを創造し、届け方を考え、コンテンツの価値の在り方さえも
変えようとしているのです。

これからの編集者に求められるのは、
新しい「伝える」ビジネスを創出できる人。

今までのやり方では通用しないから、
今までとは違うアイデアが必要とされています。

だからこそ、若い力や発想が求められている。
だからこそ、チャンスも大きい。

この一冊から得た情報を、あなたはどう編集するか。
次の編集者の道を切り開くのは、みなさんです。

株式会社マスメディアン　マスナビ編集部

編集後記

この本を読んでいるみなさんの中には、
就活や、自分の将来について
期待してワクワクしている人、
不安の渦中にいる人、
初めて、自分のことを真剣に考えた人
いろんな人がいると思います。

どんな気持ちを抱えていたとしても、
就活中、誰もが一度は同じことに悩むのです。
それは「伝える」って難しい、ということ。

自分のことなのに、
エントリーシートがうまく書けない。
面接でうまく伝えることができない。
情報を分かりやすく伝えることは、
簡単そうに見えて、実はとっても難しい。

編集者の仕事は、まさに、その「伝える」そのものです。

情報を見つける。掘り下げる。取捨選択する。
自分の価値観だけでなく、他者の思いも拾い上げ、言葉にする。

でも、その能力は、編集者に関わらず
どんな仕事、どんな場面にも必要とされていることです。

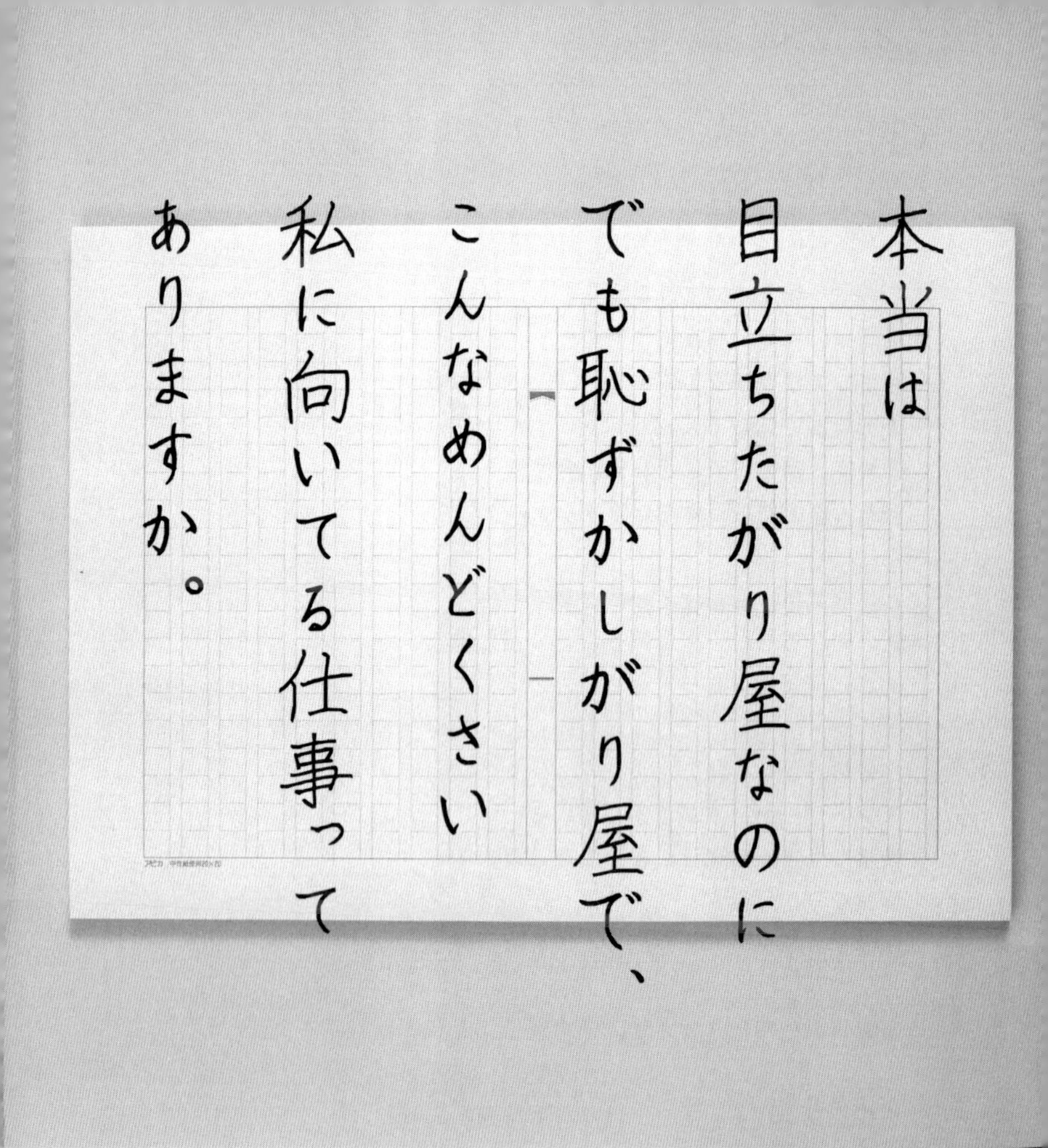
本当は
目立ちたがり屋なのに
でも恥ずかしがり屋で、
こんなめんどくさい
私に向いてる仕事って
ありますか。

マスナビBOOKS

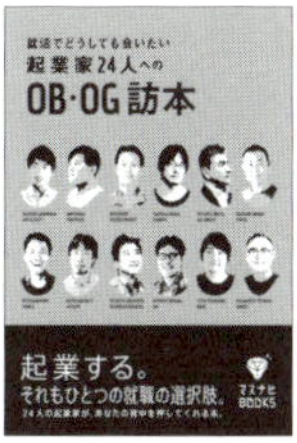

就活でどうしても会いたい起業家24人への
OB・OG訪本

24人の起業家があなたの背中を押してくれる本。
さまざまな業界で活躍する起業家にインタビュー！
よくある起業のノウハウ本ではなく、起業家としてのメンタリティについて
触れたはじめての本です。「社会を変革したい」「何かを成し遂げたい」
「その何かが見つからない」と思っている学生に読んでほしい1冊。

マスメディアン マスナビ編集部 編
本体：1,400円＋税　ISBN 978-4-88335-371-2

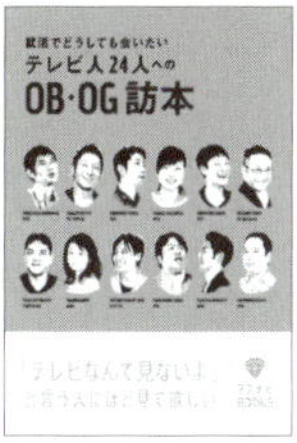

就活でどうしても会いたいテレビ人24人への
OB・OG訪本

ちょっとやそっとじゃ会えない凄い先輩方へのインタビューを敢行し、
本を通じてのOB・OG訪問を実現。今回は、NHK、日本テレビ、TBS、
テレビ東京、フジテレビ、読売テレビ、北海道テレビ、テレビ埼玉、TOKYO MXで
あの人気番組を制作する24人のテレビ人に、学生時代の就職活動、
テレビの仕事、テレビへの思い、テレビのこれからを聞きました。

一般社団法人 未来のテレビを考える会 編著
本体：1,400円＋税　ISBN 978-4-88335-347-7

ザ・就活ライティング
20歳からの文章塾

書けない人を書ける人にする本、誕生。マスナビの人気文章講座「黒澤塾」が書籍化！
著者が文章講座を通して感じた、学生がつくる文章の良し悪しを
具体的に解説し、エントリーシートのコツや、文章作成のノウハウを伝える。
書きたいことの半分も書けない就活生へ。最初のステップ、
ES・作文で消えないために。元博報堂コピーライターが、その文章術を教える。

黒澤晃 著
本体：1,200円＋税　ISBN 978-4-88335-369-9

就職、転職の役に立つ
デジタル・IT業界がよくわかる本

「IT」「デジタル」「インターネット」など分かっているようで、理解していない言葉を
一から丁寧に解説。また、「Google」や「アップル」などIT大手企業の成り立ちと、
ビジネスモデルを説明した上で、今後のIT産業の展望まで言及し、就活だけではなく、
入社後にも役立つ情報を提供します。デジタル・IT業界のすべてを
「とにかく、丁寧に、世界一わかりやすく」こだわって紹介した、いままでにない一冊。

志村一隆 著
本体：1,200円＋税　ISBN 978-4-88335-355-2

マスナビBOOKS

これから、絶対、コピーライター

コピーライターになりたい人を、コピーライターにする本。
あの広告会社で、多くのコピーライターを採用、発掘、教育した著者が
門外不出であったコピーライターになるための方法を初公開。
コピーライターのすべてがわかる入門書。

黒澤晃 著
本体：1,400円+税　ISBN 978-4-88335-344-6

広告のやりかたで就活をやってみた。

マスナビの人気講座「広告式就職活動」が書籍化！
大手広告会社で活躍する若手プランナー2名が、
広告制作のポイントを紐解くことで、「伝わる就職活動」を実践的に解説。
新しい発想を就活に取り入れた、マニュアル本と一線を画した就活読本です。
就活のツボ20も一挙公開。

小島雄一郎、笹木隆之 著
本体：1,400円+税　ISBN 978-4-88335-253-1

なぜ君たちは就活になるとみんな同じようなことばかりしゃべりだすのか。

なぜ君たちは、就活になるとみんな同じようなことばかりしゃべりだすのか。
そんな疑問を抱いた6人の広告プランナーが作り上げた
自己分析や面接対策の実践本。
ジブンの本当の価値を伝える技術を指南します。

小島雄一郎、笹木隆之、西井美保子、保持壮太郎、吉田将英、大来優 著
本体：1,400円+税　ISBN 978-4-88335-323-1

クリ活
広告クリエイターの就活本

あの有名なクリエイターたちは、どのような就活をしていたんだろう。
あの会社に入った人たちはどんな作品をつくっていたんだろう。
この作品をつくった会社は○○っていうのか！みたいな、
アートディレクター・デザイナーを目指す学生が
就職活動の上で気になる情報を、とにかく集めた本。

井本善之 著
本体：2,000円+税　ISBN 978-4-88335-288-3

就活でどうしても会いたい
編集者20人への
OB・OG訪本

発行日：2016年10月1日　初版

ユング心理学・性格判断 監修：老松 克博（大阪大学大学院人間科学研究科教授）
編集：株式会社マスメディアン マスナビ編集部

表題・企画協力：中尾 孝年（電通）
アートディレクション：佐山 太一（電通）
撮影：峯 竜也

特別協力：西田 二郎、中島 啓介

発行者：東 英弥
発行所：株式会社宣伝会議
〒107-8550　東京都港区南青山3-11-13
tel.03-3475-3010（代表）
http://www.sendenkaigi.com/

印刷・製本：大日本印刷株式会社

ISBN 978-4-88335-370-5 C0036